Watchdogs of Democracy?

# 民主的看门狗？

## 华盛顿新闻界的没落及其如何使公众失望

海伦·托马斯/著

夏蓓 蒂娜·舒/译

展 江 龚小夏 钱文琴 曾彦/审校

南方日报出版社
NANFANG DAILY PRESS

**图书在版编目（CIP）数据**

民主的看门狗?：华盛顿新闻界的没落及其如何使公众失望 / （美）海伦·托马斯（Helen Thomas）著;夏蓓，蒂娜·舒译. —广州：南方日报出版社，2009.4

ISBN 978-7-80652-898-3

Ⅰ. 民… Ⅱ. ①托…②夏…③蒂… Ⅲ. 新闻工作—研究—美国 Ⅳ. G219. 712

中国版本图书馆 CIP 数据核字（2009）第 045905 号

**民主的看门狗？——华盛顿新闻界的没落及其如何使公众失望**

（美）海伦·托马斯（Helen Thomas）著　　夏蓓　蒂娜·舒 译

出版发行：南方日报出版社
地　　址：广州市广州大道中 289 号
电　　话：（020）87373998-8502
经　　销：全国新华书店
印　　刷：佛山市浩文彩色印刷有限公司
开　　本：787mm×1092mm　1/16
印　　张：12. 25
字　　数：180 千字
版　　次：2009 年 4 月第 1 版
印　　次：2009 年 4 月第 1 次印刷
定　　价：25. 00 元

投稿热线：（020）87373998-8503　读者热线：（020）87373998-8502

网址：http://www.nanfangdaily.com.cn/press　http://www.southcn.com/ebook

发现印装质量问题，影响阅读，请与承印厂联系调换。

# 目录

# 中文版序

龚小夏

在华盛顿新闻界的一次聚会上，我听到担任过里根和老布什两位总统的新闻发言人的马林·菲茨沃特提起白宫记者团团长海伦·托马斯的两件逸事。

自从托马斯进入白宫记者团以来，她总是风雨无阻地坚守在那里。菲茨沃特是个早起的人，每天清晨6点钟就会来到办公室，可是托马斯总是比他早一步就等在那里。有什么最新的消息，她永远能够第一个知道。有一次，菲茨沃特忍不住对布什总统说：

“你知道，海伦每天早上6点以前就来了。”

总统摇了摇头，似信非信。过了几天，菲茨沃特在6点钟刚刚走进办公室，就看到总统推开他的门，探了一下脑袋。原来，他是来看看托马斯到底有没有那么准时。当然，这天和往常一样，托马斯是那里面少不了的角色。布什这才相信他的新闻发言人所言不虚。

另外一次，是托马斯跟随里根总统到苏联去。总统身边的保安向来都非常严密，更不用说还有苏联方面的警卫人员了。这天早上，南希·里根决定不告诉苏联人，带着几个随从擅自到红场上去转一圈。善于打探消息的托马斯也跟着去了。里根夫人到了红场上,很快吸引了许多前来打招呼的市民。

苏联的保安人员闻讯赶到，穿过人群，将里根夫人护送回住处。在这个过程中，个子矮小的托马斯从高大的保安的胳膊下挤到了中间。苏联保安见状，立即将这个他们不认识的人按倒在地上。南希赶紧大叫：“她是和我在一起的！”苏联人才将托马斯放开。

回到住处之后，南希将红场上发生的这一幕告诉丈夫。向来以幽默感著称的里根于是说："你怎么不趁这个机会把她甩开？"这件事成为当年媒体中流传的一段趣话。

在华盛顿新闻界，像海伦·托马斯那样勤恳的记者不在少数。像揭露出水门丑闻的鲍勃·伍德沃德和不久前猝然逝世的提姆·拉瑟都是有名的工作狂。托马斯是这些名记者中资格最老的人之一。在她入行的时候，女记者的数量还很少。有人曾经问托马斯："你能够引起总统们的注意，是不是因为你女性的吸引力？"托马斯回答："我可没有那个潜力。"的确，与如今电视上那些漂亮的女记者和主持人相比，做纸媒的托马斯能在这一行出人头地，靠的完全是出色的工作和不懈的努力。

以这样的背景出身的托马斯，难免会对今日传媒中各种各样轻浮与不负责任的现象感到不满，这一情绪在《民主的看门狗？》中得到了详尽的表达。虽然有时候托马斯的批评显得有点极端，但是她对美国媒体历史和现实的描述为读者提供了一个全面的新闻发展图景。希望了解美国政治和社会的读者能从中受益。

2008年9月29日

于美国首都华盛顿

（作者系美国哈佛大学博士、美国传媒界资深人士、专栏作家）

# 致谢

我受惠于许许多多的朋友和新闻界的同事，在他们的帮助和鼓励下，写完了这本书。

在此，我要特别感谢我的代理黛安娜·奈恩（Diana Nine），她拥有法学学位，对我写有关宪法《第一修正案》（*First Amendment*）的章节以及联邦盾牌法（shield law）①提供了极大的支持和帮助。

我永远记得玛格丽特·基尔戈（Margaret Kilgore）给予我的帮助，从我们一同在合众国际社（United Press International）共事那时起她就是我的好朋友。她是一名优秀的主编，也为本书的出版提供了极大的支持。她无私地把自己的经历，包括在越南战争期间做战地记者和在《洛杉矶时报》（*Los Angeles Times*）当记者时的感受告诉我，这令本书生色不少。

我想，若没有玛格丽特·基尔戈和黛安娜·奈恩的共同努力，本书不可能问世。

斯克里布纳出版公司（Scribner）的编辑莉萨·德鲁（Lisa Drew）始终关注和帮助我，直到我完成本书。

我非常感谢我的同事们，他们与我共同经历了半个世纪的新闻岁月，不仅告诉我他们的逸闻趣事、悲怆苦难，更给了我真诚的关注。他们有关战争故事的回忆是如此生动而富有卓见，令人仿佛置身其中——我们曾经见证历

---

①“盾牌法”是基于鼓励揭露与公众利益有关的信息而为记者提供保护消息来源特权的法律，美国一半以上的州通过了各自的盾牌法，但在联邦一级还没有同类立法。——译注。下同。

史，并且感受其宏大的场景。我觉得，他们与常人不同之处就是他们对新闻工作无条件的爱。

我还要感谢查尔斯·“查克”·刘易斯（Charles “Chuck” Lewis）对我的理解、鼓励以及对本书应该具备怎样的锋芒所提出的宝贵意见和建议，他是赫斯特报系（Hearst Newspaper）华盛顿分社社长，也是我的顶头上司。

还有，曾经与我在合众国际社共事的女记者格温·吉布森（Gwen Gibson），她后来去了《纽约每日新闻》（*New York Daily News*）。她在开始阶段为本书所作的调查对我的帮助是无法估价的。我要感谢的另一位是苏·门迪托（Sue Menditto），她是一个互联网高手，为我查找了许多重要信息。

2005年白宫记者团的优秀记者给了我许多灵感：保罗·麦克马斯特（Paul McMaster）——自由论坛（Freedom Forum）组织的领导，他对于美国媒体现状有大量独到的观察；我也得益于罗恩·科恩（Ron Cohen）的想法，他是前合众国际社编辑主任以及《今日美国报》（*USA Today*）的主编；我也非常感谢我以前在白宫作报道时的同事阿尔文·斯皮瓦克（Alvin Spivak）和艾拉·阿伦（Ira Allen），以及国防事务记者保罗·曼恩（Paul Mann）。

美国广播公司电视台（ABC-TV）的萨姆·唐纳森（Sam Donaldson）、奈特—里德报系（Knight Ridder）的索尔·弗里德曼（Saul Friedman）和《华盛顿邮报》（*Washington Post*）前执行主编本·布拉德利（Ben Bradlee），帮助我了解传播领域的新趋势。

还有其他来自合众国际社的同仁也给了我极大的支持。曾任职于《新闻日报》（*Newsday*）的帕特·斯洛扬（Pat Sloyan）和奈特—里德报系的专栏作家乔·加洛韦（Joe Galloway），他们都曾任职于合众国际社；还有美联社（Associated Press）驻联合国首席记者伊迪丝·莱德勒（Edith Lederer）。

我很高兴有机会与汤姆·约翰森（Tom Johnson）深入交流，他从有线电视新闻网（CNN）退休之前在印刷业和电视传媒业都达到了事业的顶峰。

还有全国公共电台（National Public Radio）的丹·斯科（Dan Schorr），以及《休斯敦纪事报》（*Houston Chronicle*）的迈克尔·赫奇斯（Michael Hedges）。

我还从美联社资深记者和主编梅里尔·哈特森（Merill Hartson）那里了解了对新闻界的未来发展趋势的看法。

其他帮助我的人有：赫斯特报系的克里斯汀·科利（Kristin Collie）和奈恩女士的助理克莱尔·芬利（Clare Finly）；丹尼森大学（Denison University）新闻学教授苏珊娜·康德拉里（Suzanne Condrary）博士帮助我很好地洞悉了今日年轻新闻工作者的奉献精神；新闻学教授保拉·麦肯齐（Paula McKezie）也是一个电脑高手，她帮助我在互联网上找到有关素材。我还要感谢普利策新闻奖获得者、美联社摄影师罗恩·埃德蒙兹（Ron Edmonds）。

我还非常感谢我的外甥埃迪·戈哈（Eddie Geha）和史蒂文·戈哈（Steven Geha），他们在互联网上帮我搜寻有关新闻自由的信息以及媒体在最新民意调查中的排名。

而我的家族永远给了我精神支持：我的兄长马特·托马斯（Mate Thomas），我的妹妹伊莎贝尔·托马斯（Isabelle Thomas）、表妹约瑟芬·格哈（Josephine Geha）和芭芭拉·艾萨克（Barbara Isaac），以及我的多个外甥特里·德莱昂（Terri DeLeon）、朱迪·詹金斯（Judy Jenkins）、珍妮特·格里格（Janet Grigg）和乔安妮·斯旺森（Joanne Swanson）。

我真的为有这么一个伟大的家族，还有这么多的好朋友和职业同道而感到幸运，是所有这一切人造就了我。

# 前言

对于新闻工作者而言，新闻事业是一份高尚美好，令人魂牵梦萦、无法释怀的事业，于我而言也是如此。

我曾经有独一无二之幸专职报道过九任美国总统[①]。有时候，我会对他们怀有同情之心，有时候又带着愤怒之情，但是，更多的时候我是带着批评的眼光来看待他们，因为我坚信，他们本来都能够为这个国家做得更好。

现在，我要用同样的眼光来审视新闻界，或者目前统称为传媒的行业。这个行业中应具有的某种至关重要的特质已经丧失——或者说，美国的新闻工作者已经忘记，他们的使命是无私无畏地追求真相，只要真相在引导他们。自由媒体的目标应该是事实真相，而不是某种既定计划。

我并非怀旧，而是事实让我相信，这个行业的黄金时代是在20世纪，只不过那时我们都没意识到这一点。

新闻记者，是公众的信息提供者，他们是民主的看门狗。没有知情的民众，就没有民主可言。对当权者提出尖锐的问题，并且督促他们真实、完整、诚实地实践他们对公众的承诺，是记者和编辑的使命。这应该是这个行业不变的准则和规条，但是，随着时间的推移，新闻业发生了变化，而这些变化往往并不见得往更好的方向走。

科技发展使广播电视在信息传输方面相较传统的纸质媒体有着无可比拟

①海伦·托马斯从进入白宫记者团到离开，共面对过德怀特·艾森豪威尔、约翰·肯尼迪、林登·约翰逊、理查德·尼克松、杰拉尔德·福特、吉米·卡特、罗纳德·里根、乔治·布什、比尔·克林顿等九任总统。

的优势，这种技术使得新闻报道能够及时快捷地到达受众。但同时，也让那些不够格的人士借用新闻记者的口吻和运作方式传播资讯，以致模糊了新闻从业者和娱乐业者的本质区别。

许多脱口秀主持人都持极右的政治观点，但是他们却被认为是新闻工作者。实际上，新闻工作者必须是超然的，他们只从事报道，而不像那些每天在电视上高谈阔论的“会说话的脑袋”。除了严肃的纪录片，很少有半分钟的电视新闻片段能够与报纸的深度报道效果匹敌。

科技给新闻信息的采集方式带来了革命性的变化：录音机、移动电话、数码相机、卫星传输、互联网等等都意味着每个人都可能被联机和进入镜头。对于那些想掩饰什么的官员而言，他们几乎无处藏身。如果他们说谎，他们的言行可以立即被回放。可是，在把报刊的内容转化为短短的原声片断以及带有娱乐性质的新闻的时候，某些重要的东西肯定失去了。

还有，那些买下传媒终端的公司影响越来越大，试图控制新闻编辑方针。无论在国内还是在国外，新闻的底线和形式所发生的变化都是前所未有的。

在现代社会，非传媒公司对媒体的并购、利润线管理、娱乐充作新闻、24小时新闻循环，凡此种种都破坏了我们一度所理解的报业新闻的内涵。

那些只靠一份报纸作为新闻来源的小城镇在日渐消失，美联社作为美国唯一的通讯社的日子也一去不复返。人们如今的视线转向了广播和电信，这当然包括每个人都能发表意见的互联网。

不幸的是，当今媒体的公信力前所未有地受到了政府、政治和宗教团体以及形形色色公众的抨击。这些批评者和公众有史无前例的新闻渠道，也更加见多识广。官员们只有在他们需要我们（指媒体）的时候才要我们出场。

在最近的一份报告中，“新闻事业卓越项目”（Project for Excellence in Journalism）[①]的汤姆·罗森斯蒂尔（Tom Rosenstial）说：“美国人认为，与20世纪80年代相比，现在的新闻工作者更加马虎，更不专业，关怀更少，更加偏心，对于所犯错误更不诚实，而通常给民主带来了更多的伤

①新闻事业卓越项目组织（http://www.journalism.org）是美国的一个无党派非营利性研究机构。该机构通过观察的方式评估和研究新闻媒体的能力和成就。

害。”

如果这还不足以发人深省的话，那么还有近年来政府对新闻的管理和操纵，以及一个消极的新闻界表现出的令人难以置信的勇气的丧失。我认为，媒体不再坚持其探究事实真相的黄金准则，从而令国人失望。

别以为公众还没有看出当今记者奇怪的新缺点——或者说是他们老板的缺点吧？他们如此频繁地屈从于政府部门的审查制度，忘记了一个彻底自由的媒体应该扮演的角色。公众曾经就电视直播的白宫记者会上记者没有提出显然应该提的重要问题而质疑媒体，我对此非常感叹。

通用电气（下辖全国广播公司）、维亚康姆（下辖哥伦比亚广播公司）、迪斯尼（下辖美国广播公司）究竟对新闻自由有多在乎呢？这点人们不能不质疑。它们有勇气冒得罪白宫、失去广告商的危险而不顾一切地直抒己见吗？

没有一个自由的新闻界，就没有民主可言。对开国元勋们馈赠给我们的这个社会而言，一个自由的新闻界是不可或缺的。可是，这些企业或机构明白或者在意它们的公共服务角色吗？

还记得2003年10月哥伦比亚广播公司的电影计划《里根夫妇》（*The Reagans*）引起的政治骚动吗？保守派们草草看了一眼就被激怒了，威胁要联合抵制这部对已故前总统里根和他的妻子南希并非百分之百赞美性描述的影片。该电视网最终放弃了在黄金时段播出这部影片的计划，而把它送到潜在观众远不及哥伦比亚广播公司的有线电视节目《表演时刻》（*Showtime*）去了。千万别低估了政治施压的力量。

曾是哥伦比亚广播公司电视台和有线电视新闻网资深广播电视工作者，现供职于全国公共电台的丹·斯科一针见血地说：“最关键的是，那些决定在什么事务上花多少钱的人对于新闻完全没有兴趣。这些人在乎的是利益，这是他们对媒体最关注的焦点，因此彻底改变了媒体的性质。结果是，人们看到更多的是八卦新闻、性、暴力等，那些东西有人看。这样的内容娱乐听众观众，从而扩大收听、收视率……”

“最后，一切都向钱看了，”斯科说，“当然还有收视率。”

但是，以往各大电视网并不完全是这样的。出色的新闻报道曾经比金钱更能打动那些大老板。

斯科说，哥伦比亚广播公司外驻在全世界的记者每年都要回到美国，并与公司主席威廉·S.佩利（William S. Paley）共进午餐。哥伦比亚广播公司能发展成为广播电视网中的凯迪拉克或者蒂凡尼，佩利功不可没。

驻外记者问佩利："你担心播出有争议的纪录片以后会招来麻烦吗？那不会影响你的利润线吗？"

佩利对此回答说："你们只管找故事，我来操心利润线。"

在另一个版本中，佩利说如果找来喜剧演员杰克·邦尼（Jack Benny），那会赚更多的钱。那样的日子已经一去不复返了。

佩利对爱德华·R.默罗（Edward. R Murrow）那部给参议员约瑟夫·麦卡锡（Joseph McCarthy）致命一击的纪录片《"不忠与异见"之辩》提心吊胆。麦卡锡对左翼一直采取各种迫害手段。最后迫于压力，佩利屈服了，让默罗到《面对面》（*Person to person*）节目与名流对话，因为这个节目的争议比较少一些。

在"9·11"纽约世贸大厦和华盛顿五角大楼遭遇恐怖袭击之后，政府对媒体施加了越来越多的压力乃至威胁，让媒体与政府保持口径一致。许多人认为，在这个冲突的关头批评政府的过失是对国家的不忠。

最过分的新闻干预莫过于国务卿科林·鲍威尔（Colin Powell）和国家安全顾问康多莉扎·赖斯（Condoleezza Rice）打电话给传媒公司，警告它们不要再播放从奥萨马·本·拉登（Osama bin Landen）那里传出来的录像，因为他可能会通过节目给尚未行动的武装分子传递秘密信息。在我看来，鲍威尔和赖斯越界了，滥用了官方的权力。

各大电视网在政府的胁迫下立即俯首帖耳，在"9·11"之前，大多数独立主编和发行人绝对会反抗这种威吓行径。

我已经记不得自己最近被问了多少次"现在的新闻界究竟怎么了？"

说来悲哀，新闻界在许多方面玷污了看门狗的角色。由于这个行业有某些追求名利的害群之马，新闻职业形象受到了严重损害，同时也给"糟糕的判断力"这个词带来了新的含义。名声、地位对于某些人而言确实有着不可抵挡的诱惑力，但总的来说我相信，年轻一代有抱负的新闻从业人员依然有新闻理想。

在2004年11月美国总统大选之前的一篇专栏文章中，《华盛顿邮报》辛迪加专栏作家戴维·S.布罗德（David S. Broder）直截了当地指出，在公众心目中很有分量的两张报纸——《纽约时报》和《今日美国报》的主编被迫辞职，因为报社中有记者虚构了新闻故事并涉嫌剽窃他人作品。

结果，在全国范围内，对记者和编辑来了一场大清洗，当然，这也是有必要的。可是，它也给那些留下来收拾残局、有能力的新闻工作者带来了萎靡的士气和恐慌。

布罗德说："职业实践与责任规范经历了如此重创后，很难摆脱这次打击的阴影。"

《爱国者法》①有些可怕的条款，新闻界本应该进行严厉的审视，但是却没有。巴格达附近的阿布格莱布监狱虐待伊拉克战俘的照片曝光之前，几乎没有报道涉及阿富汗和伊拉克的战俘被剥夺了《日内瓦公约》所保障的合法权利。只是在那些照片出来之后，媒体才如梦方醒，公众才开始抗议。但还不仅仅是这些。布什总统曾发誓，战俘和被拘留者都将得到人道的待遇，而讯问者在审问过程中一定会恪守不使用酷刑的规定。

不过，媒体的表现也有过光辉的时刻。那是在2002年底，底特律报纸起诉司法部，以获得对阿拉伯羁留者的驱逐听证会的公开报道……最后，他们赢了。底特律的联邦大法官达蒙·凯斯（Damon Keith）评论说："关起门来，民主就死了。"

我觉得，新闻界没有履行自己的职责，尤其在"9·11"后小布什总统的第二任期内。面对政府尤其是白宫的控制和干预，媒体没能保证民众的知情权。

换言之，记者在政府的"反恐王牌"面前屈服了，并缺乏勇气或能力看穿白宫每日新闻简报会中所宣传的各种虚假甚至编造的信息。

---

①《爱国者法》于2001年10月26日由美国总统布什签署。该法案是在"9·11"事件不久之后颁布的针对恐怖主义活动的一部联邦法。该法案的条款有两项争议最大，其中一项是漫游窃听条款，另一项是搜查记录条款。目前，美国各地已经有上百个司法管辖区颁布决议和法令，谴责《爱国者法》对民权构成侵犯。

国家安全档案部执行主任汤姆·布兰顿（Tom Blanton）说："这些白宫保密的东西对于国家安全或者反恐几乎都没有多少保密的价值。这样做只是为了藏起更多秘密而作出的意识形态般的反应。"

五角大楼拒绝新闻记者和摄影师到戴勒维尔的多佛空军基地拍摄覆盖着国旗的战死士兵的棺材从伊拉克回到美国的场景，出版与广播的高层也没有作出抗议。这些新闻机构本来应该死死地猫在多佛的大门口，然后一一清点飞回的军用飞机，如同我们过去在白宫作的现场发送报道那样。

而当今的新闻主管们居然也相信五角大楼的说法，那就是他们也不清楚有多少伊拉克人在国家被征服和占领时被杀。

半岛电视台（Aljazeera）的记者采访伊拉克被拒，美国的广播电视或其他媒体也没有发出应有的声音。我相信，在过去的其他时候和战争中，当新闻报道由于政治或安全原因而受到故意阻碍时，人们会有更多的敏感和考虑。

新闻界的智库——自由论坛的保罗·麦克马斯特说："信息跟子弹和炸药一样具有威慑力。"

在太多的时候，由于害怕政府的打击报复，主流出版物不得不屈服，麦克马斯特担心白宫会因此利用"新闻媒体违心症"现象，一再对新闻媒体发出指令。这种手段连连得手，以至于五角大楼和其他联邦机构也有样学样了。政府部门接连照此办理，记者被捏在手心，最后失去了力量，导致新闻界只能俯首。

20世纪最优秀的广播记者之一比尔·莫耶斯（Bill Moyers）这样表述："新闻历史上最伟大的时刻往往不是新闻工作者遵循国家政府的路线，而是他们勇敢地独立于国家之外的时刻。"不幸的是，现今太多的新闻工作者都认为屈从于权势是他们接近高层的必要。

美国第一份报纸是一个叫本杰明·哈里斯（Benjamin Harris）的人于1690年创办的。他说，他要用这份仅有3页的报纸来"整治我们中间谎言的流传"。但是，仅仅出版了一期，报纸就被官方封了。

自开国以来，新闻事业对美国整个国家的民主化发展进程起到了至关重要的作用。1791年通过的宪法《第一修正案》规定："国会不得制定关于下列事项的法律：确立国教或禁止信教自由；剥夺言论自由或出版自由；或限制人民和平集会和向政府请愿伸冤的权利。”

约翰·彼得·曾格（John Peter Zenger）是美国最早的新闻工作者之一，他拥有一家印刷厂，因此有条件创建自由媒体。他由于批评纽约殖民地政府被抓，但陪审团却驳回了他犯了所谓的“煽动罪”一说。曾格的律师帮忙打赢了这场官司，他最后的辩词是：“我们国家的法律赋予了我们这样的权利……有揭露和反抗不受控制的权力的自由……不论是用说出还是写出事实真相的方式。”

看来，过去的记者相对更加忠实于自己的职业理想，这令他们有别于社会中的其他人。他们以当民主以及《权利法案》[①]和宪法《第一修正案》的保护人为己任。

试想，如果记者没有了活力、热情、正直诚实、永不满足的好奇心和勇气的话，他们会是什么样呢？

在本书写作过程中，我最大的乐趣之一就是写下美国20世纪最优秀记者们的早年生活片段。我非常有幸地结识了他们当中的一部分，甚至还嫁给其中一位。

在那个时代的一大批优秀记者当中，我所认识的有：斯克里普斯·霍华德报系“二战”战地记者厄尼·派尔（Ernie Pyle）；普利策奖获得者、合众国际社记者梅里曼·史密斯（Merriman Smith），他是白宫记者团的灵魂人物；我的丈夫、美联社的道格拉斯·科内尔（Douglas Cornell），他是通讯社的标志性人物，负责撰写综合报道；报道过西班牙内战的马莎·盖尔霍恩（Martha Gellhorn）；出众的政治和国际事务记者多萝西·汤普森（Dorothy Thompson）；玛格丽特·希金斯（Marguerite Higgins），她在朝鲜战争一开始就随同道格拉斯·麦克阿瑟（Douglas MacArthur）将军飞往危机四伏的韩国；爱德华·R.默罗，“二战”期间德国对伦敦进行地毯式轰炸的时候，他不顾一切地坚守在播音岗位上；出版家I.F.斯通（I.F.Stone）；专栏作家沃尔特·利普曼（Walter Lippmann）；詹姆斯·雷斯顿（James Reston）；资深调查性报道记者杰克·安德森（Jack Anderson）；等等。

---

①《权利法案》指的是美国宪法中第一至第十条宪法修正案。内容见附录。

看看谁是从当今伊拉克、阿富汗以及中东的冲突当中产生或者说造就的记者“明星”，也算是一件趣事。在越战期间，脱颖而出的有美联社的彼得·阿内特（Peter Arnett）、《纽约时报》的赫德里克·史密斯（Hedrick Smith）、《时代》周刊的戴维·哈伯斯塔姆（David Halberstam）等。

以身殉职的记者丹尼尔·珀尔（Daniel Pearl）的父亲朱迪亚·珀尔（Judea Pearl）说：“从本质上说，新闻工作者体现了一个开放社会最根本的力量以及最根本的弱点。”

我曾经常有机会向最有权力的国家公仆——美国总统——提出质询。我承认，在我行使这份职责的时候我是心怀敬畏的，但我的对象是机构而不是职掌这个权力的人。有一点确信无疑，我认为我们的职责不是去崇拜任何领袖，而是始终把聚光灯打在他们身上，看看他们有没有辜负公众的信任。总统们都需要手按《圣经》宣誓，要“维护、保护和保卫”美国宪法。他们在所有的事务上都必须被考验、被质询。他们的地位和工资都是美国人民给予的，他们也必须永远对人民负责。媒体相当于中介，承担着把事实、数据和政策传播到大众当中的传输纽带的作用，同时向读者、听众和观众解释新闻含义。

新闻媒体于民主而言之所以如此无可取代，是因为在我们的社会中，这是唯一能够不断地质询总统和政府官员的机构。宪法没有要求公众领袖被挑战，但是，如果一个领袖不受公众的质询和监督，他就既可以通过行政权力来统治行政，也可能私下秘密地按照个人意愿行事。幸运的是，我们没有国王，也没有拥有绝对权力、不受限制或者不被质询的专制者。我们有的是一套政府的制度，在行政、立法、司法部门之间起着审查和制衡的作用。但是，除此之外，一个自由社会还需要靠媒体来保证政府的诚信。

托马斯·杰斐逊有一句至理名言：“自由的代价就是需要恒久的警惕。”

随着通信技术的发展，我们要问，为什么一个自由的新闻界如此重要？我们是否已经对宪法《第一修正案》的意义觉得含糊了？媒体是否已经辜负了它们的客户——公众？宪法《第一修正案》是否已经遭受到威胁？

在本书中，我找了许多在岗或退休的著名新闻工作者、离任或依然活跃的白宫新闻发言人来告诉我他们如何看待和理解今日的各种媒体，今天的新闻界究竟是什么样的，昨天又是什么样的，还有，明天又将会是什么样。

我并不认为新闻事业已经夕阳西下。我相信，新闻将会比过去更加重要，而世界各地的新闻工作者也正在采用我们的模式——迫使政府官员对人民负责。新闻工作者的作用是不可替代的。尽管记者时不时会遭遇各种辱骂，但是记者仍然受到高度尊敬，只要他们能够毫不松懈地追求真相以及正面的结果。

我期盼，未来的岁月里，新闻工作者将继续坚守职业准则，并且明白他们在国内外保卫民主制度、保证思想不断自由交流中扮演的关键角色。

记者必须能够独立而自由地运作。在权贵面前，他们必须有足够的勇气，敢于用挑剔的眼光监督失信于公众的官员。媒体不应该参与任何取悦于公众的竞赛，但是，只要他们保持真诚和恪守职业良知，他们就会受到尊敬。记者必须是超然独立的，但他们也必须具备社会关怀。

他们中大部分人清楚，这不仅仅是工作……而是一种生活方式！

2005年12月

于华盛顿·哥伦比亚特区

# 第一章　新闻事业——最高尚的职业

当我说新闻事业是最高尚职业的时候，我不是认为它在实践中没有任何应该被责备之处。有太多的时候，报纸和广播记者违反伦理，这不仅玷污了新闻事业的名声，也降低了新闻记者的公信力。

想想当你与别人的谈话涉及当天新闻的时候，你曾有多少次听到别人说“可是你不能相信从报纸读到的或者从电视上看到的东西”这类的话？

为什么不呢？相较而言，信息来源对全世界的公众来说都比过去多了，包括互联网、有线和无线电视网、广播、报纸、杂志、书籍，等等。当然，今天的电视可能模糊了新闻和娱乐的界限，但是，观众可以对他们的所见所闻进行甄别后选择接受还是拒绝。

在2004年的美国新闻年度报告中，“新闻事业卓越项目”的评论是：“记者兼教育家迈克尔·詹韦（Michael Janeway）将我们这个时代描绘为‘事实的扭曲和混乱’的时代。卡内基集团总裁瓦坦·格雷戈里恩（Vartan Gregorian）说，这是一个‘信息供过于求，而常识供不应求’的时代。而报纸这时有着一种独特的潜在的力量，让人们了解信息的真伪。”

所以，令人悲哀的是，对于今天的新闻事业或其他行业而言，行为准则——也是简单的对错的差别——成了首要的行业内的问题。虽然包括传媒公司的大公司上层管理人员制定了各种书面准则，但是这只有在金字塔顶端的人，也就是老板们开始以身作则的时候才能贯彻。

社会伦理是我们在母亲膝下撒欢的时候就学会的东西，至少也应该在学校与同龄人相互影响的时候就应该懂得。一个不道德的人不见得做犯法的事情，但是他的做法却违背了职业或社会规范。

职业新闻工作者协会（National Society of Professional Journalists）制定了三条最基本的职业行为道德准则：准确报道，尊重对方，将危害最小化。美国学者和政府顾问们近年来教育新生民主国家的记者，要像美国记者报道新闻那样遵守“道德规范”。

可是突然间，大约在2003年前后，风气转变了，应了那句套话：“别照我做的去做，而是照我说的去做。”随着24小时循环的电视和广播新闻通过卫星在全世界推广，互联网不断发布关于美国媒体和商界的丑闻，把美国媒体当作道德典范的难度系数越来越高——少数记者因为自身职业操守的缺陷以及行为的不检点，辜负了他们所在媒体和公众的信任。可怕的是，他们的所作所为严重地影响了大多数诚实、敬业、奉新闻事业为最高尚职业并为追求卓越和完美不懈努力的记者在公众心目中的形象。

杰森·布莱尔（Jayson Blair）的系列造假事件，以及随之而来的《纽约时报》管理层的大改组，《今日美国报》杰克·凯利（Jack Kelley）有关外国的虚假报道，哥伦比亚广播公司连续数月的系列失实报道，这些负面消息的影响越来越大。

上述媒体公司为了保住自己的名声，大多很快就解聘了这些违反行规的人，并为这些人以及对他们的行为不加质询的其他记者和编辑的做法承担责任。在上述及后来的事件中，发行人、总编辑及案头编辑，凡是经手过这些犯下过错的人的文稿者都脱不了干系，免不了要被牵连。但是很多人都想方设法推卸责任。

传媒公司设立了调查机构，并委任专门负责调查舞弊情况的人员来监督，以免类似情况再次发生——这有点像马后炮，可是对于纠正错误而言是有必要的。

进入新世纪以后，也有其他业内丑闻发生，并且也有开除人员的事情。这些事件并不都发生在华盛顿或纽约：《芝加哥论坛报》（*Chicago*

*Tribune*）解雇了在文章中引用虚构的精神病医生言论的记者；佐治亚州《梅肯电讯报》（*Macon Telegraph*）解雇了有多次剽窃行为的记者；佛罗里达州《丘比特信使报》（*Jupiter Courier*）的两个总编辑因为有偿为斯克里普斯公司从事有政治倾向的报道而被辞；华盛顿州《塔科马新闻论坛报》（*Tacoma News Tribune*）的编辑无法找到作者文章中引用的几个人，作者因此辞职；由于编辑无法确定作者有关街头流浪者专栏故事是否属实，加州《萨克拉门托蜜蜂报》（*Sacramento Bee*）还是和作者解除了合同，尽管作者以前曾经获得过普利策奖，还获得过专栏作家奖；《底特律自由新闻报》（*Detroit Free Press*）的多媒体明星兼专栏作家米奇·艾尔本（Mitch Albom）写道，密歇根州的两个篮球运动员告诉他，他们打算参加美国全国大学生体育协会举办的半决赛，可是他们改变主意了。他的体育故事写在他们打入半决赛之前，这显然是不对的，可是编辑却容忍了这样的过失。从某种意义而言，他们在乎的是作者给他们所在的这家中西部出版物带来的名声。

"当今对于那些热爱报纸和过去那种新闻印刷品的人而言，是个令人失望的时代，"专栏作家凯思琳·帕克（Kathleen Parker）2004年6月23日在佛罗里达州《奥兰多哨兵报》（*Orlando Sentinel*）上写道，"真的很难不怀疑，在寻求解释和答案的过程中，我们难免会对自己产生错觉乃至自我否定。"

在新闻学的课堂里，有关记者、编辑是否应该介入30多年前发生在堪萨斯州威奇托的BTK连环谋杀案①，这一问题引发的争论持续多年。记者将来自连环杀手的消息带给警方，也经常遵照警方的要求而封锁消息。

《洛杉矶时报》评论家蒂姆·拉滕（Tim Rutten）2005年3月5日在对BTK事件发表评论时问道，威奇托的记者应官方要求而扣压了原本应该提供给读者以及观众的信息，这是否属于合乎伦理的行为？

"这样做当然合乎道德。在常规情况下，报社和电视、电台显然不会让

①BTK事件，20世纪70年代到90年代，美国堪萨斯州威奇托市出现过一名令人心惊胆战的连环杀手"BTK"。他用扼颈致死的残忍手法杀死了至少7名女性、1名男子和2名儿童。"BTK"暗示着其行凶的全过程，即"捆绑"（bind）、"折磨"（torture）和"杀死"（kill）。

政府来监督它们报道的内容，但涉及谋杀调查，尤其涉及有虐待倾向的、残忍的连环杀手，这就不等同于一般的事件。一个要求任何时候都不得与警方合作的道德体系，与一个要求永远要与警方合作的体系一样具有破坏性。”拉滕继续说，“首先，无论如何，新闻伦理不同于政府的法律、药品或者是建筑的道德规范，那些所谓渊博的专业权威向会员们发放证书，做任何事情都循规蹈矩，设定某种教育培训的规范，把持证者捆死在他们定下的条条框框里面。我们的宪法无条件地保证新闻自由，因为宪法《第一修正案》的权利属于每一个个人而非组织。因此，新闻是使命而非专业。没有人能够对进入新闻界制定门槛或者就新闻从业制定标准，因为新闻事业是公众表达权利的途径，这是宪法赋予所有人的表达权利。”

此外，拉滕说，互联网博客写手们争论说他们的版权应该跟报刊记者和主播的一样得到保护，那简直是想入非非。

杰森·布莱尔的故事震动了《纽约时报》的核心，它涉及一个年轻黑人记者明显的滥用职权的问题。2003—2004年间，他一直编造故事来欺骗报纸编辑和读者。他的系列作假暴露之后，执行主编豪厄尔·雷恩斯（Howell Raines）和编辑主任杰拉尔德·博伊德（Gerald Boyd）被迫离职，这导致报社上层的剧变，也引发了围绕全国各新闻编辑室按族裔比例来雇用人员的广泛讨论。

布莱尔写了一本名为《烧掉我主人的房子》（*Burning Down My Masters' House*）的书（新千禧出版公司2004年版）。他在书中写道：“我一次次地撒谎……然后撒更多的谎。我谎称去过什么地方，在哪里找到的信息和线索，如何写了这个故事。这些不是每天编造的一点无害的小谎言……而完全是幻想，仔细到了各种润色修饰的细节。我编造乘了从来没有乘过的飞机航班，睡在从来没有租借的车子里面，经过我从来没有去过的高速公路的地界标，我还编造说在某个加油站里遇到了我在互联网上认识的男孩子，他热心地帮助了我……我根据《时代》周刊（*Times*，http://www.time.com）一个美术编辑的照片，杜撰出我从来没有进去过的房子的客厅里的装饰和摆设，在这个不问过程只问结果的环境里，我习惯了编造和说谎。”

继杰森·布莱尔事件之后，《今日美国报》的杰克·凯利东窗事发——这个资深驻外记者兼明星记者连续十多年编造有关世界各地的故事被披露出来。

由一群编辑和记者组成的内部调查小组查明，凯利在十多年间至少编造了8个有影响的故事中的重要部分，“为了达到误导调查事实真相的目的”，他雇佣了国外的翻译来协助他蒙混过关。凯利于2004年1月辞职，而连带结果是，《今日美国报》主编卡伦·尤尔根森（Karen Jurgensen）和执行主编布莱恩·加拉格尔（Brian Gallagher）被撤换了。

备受尊敬的《今日美国报》创办人、已退休的前执行主编甘尼特·阿尔·纽哈思（Gannett Al Neuharth）责备凯利长期欺瞒编辑：“最严重的失策只要是发生在工作上，上司总是难辞其咎，而不仅是由记者来承担责任。老板是最终的责任人。”

媒体丑闻不限于报纸。2004年总统大选期间，哥伦比亚广播公司第二套《新闻60分钟》节目播放了布什总统服役于国民警卫队期间的故事，这在公众当中引起了争议。一个独立调查小组就此事递交了一份长达224页的评论报告，指出制片人及其他3名相关工作人员应被开除，后来他们也确实被开除了。《晚间新闻》节目资深记者兼编辑主任丹·拉瑟（Dan Rather）在该报告公布之前宣布退休。但是毫无疑问，这一事件在他杰出的职业生涯中留下了遗憾和抹不去的污点。后来，哥伦比亚广播公司宣布因为收视率下降的原因，取消非周末时间播出的第二套《新闻60分钟》节目。但是，拉瑟与总统服役记录报道事件的整个影响还没有完全为人所知。

在讨论哥伦比亚广播公司和类似情形时，已退休的评论员比尔·莫耶斯说：“我相信，新闻工作就如同在沙滩上写字，在风中吹哨，都是过眼烟云。而一个新闻工作者如够幸运的话，是会对社会产生影响的。”

莫耶斯又问道：“谁会记得那些新闻广播界的巨人——如哥伦比亚广播公司制片人弗雷德·弗兰德利（Fred Friendly）和记者爱德华·默罗——留下的影响？”默罗至今是美国新闻广播业界的标志性人物，他的声誉建立于“二战”期间，在德军轰炸伦敦的时候，他站在屋顶上直播他听到和看到的一切。而弗兰德利从1935年到1961年一直服务于哥伦比亚广播公司。

“默罗当年建的大厦怎么样了？”[①]莫耶斯问道，“它如今是路边一间

①这是一句双关语，英语“大厦”一词还有“王朝”的意思。

陋室而已。”莫耶斯指的是各大电视网削减新闻时段、驻外分社和驻外记者。到2005年，哥伦比亚广播公司的新闻收视率排名已经屈居第三，位列美国广播公司和全国广播公司之后。

就连俄罗斯总统普京也掺和了进来。2005年2月，布什总统访问欧洲的时候，他斥责普京钳制俄罗斯的新闻自由。普京反驳说：“你们炒掉哥伦比亚广播公司记者的时候，我们都没有批评你们。”普京的意思是，两个国家在媒体方面都各有问题。布什解释说，他并没有解雇美国新闻工作者的权力，可是普京已经说出了他的道理。

2004年总统大选期间，辛克莱广播集团公司（Sinclair Broadcast Group，Inc.）解雇了驻华盛顿分社社长乔恩·莱伯曼（Jon Leiberman），因为他公开反对播出有严重偏见的质疑候选人约翰·F.克里（John F.Kerry）反对越战活动的节目。莱伯曼称该节目是一种毫不掩饰的政治宣传。他说，他被解雇是因为他触犯了公司的规定，没有经过公司批准就擅自向媒体表述个人观点。辛克莱广播集团控告莱伯曼对外界“暴露了公司的秘密”。

另一件新闻界丑闻发生在2005年1月底，它是以“有偿新闻”的形式出现的。《今日美国报》报道，脱口秀主持人兼保守派专栏作家阿姆斯特朗·威廉斯（Armstrong Williams），通过他的公关公司以及在电台和电视上露面等方式，从美国教育部获得24万美元，宣传布什政府“不让任何一个孩子掉队”（No Child Left Behind）的计划。威廉斯没有向听众透露他是拿了钱来说话的。这名保守派评论员后来和纽约一家广播电台签订了一份担任日间脱口秀节目共同主持人的合同。

当被问及对威廉斯以及两个作家兼职为政府工作有何感想时，布什总统说白宫对此事一无所知。但他也说，有关政府机构已经被告知停止这样做，因为他知道社会需要独立的媒体。

得知山姆大叔（指美国政府）给威廉斯付钱之后，论坛媒体服务公司（Tribune Media Services）很快解除了与他签订的长期专栏合约。威廉斯说，他觉得自己不是一个专栏作家，而更像评论员。

我们后来得知，五角大楼花了数百万美元，通过经纪人贿赂专栏作家和记者，在伊拉克的报纸上刊登一些子虚乌有的故事。

马里兰州陶森大学（Towson University）的新闻学教授马莎·库玛（Martha Kumar）说："混淆新闻从业和政府服务的界限，现在是而且从来都是坏做法。"

2004年，布什政府以雇佣演员冒充记者的方式，拍摄了新闻录像，推销老人医疗保险的处方计划。这个广告节目简直就像真的电视新闻一样。政府问责办公室（Government Accountability Office）宣称，用纳税人的钱来宣传联邦政策是违法的。

在另外一宗奇特的事件中，谁是真正合格的记者、谁不合格竟然被颠倒了。杰夫·甘农（Jeff Gannon）的真名是詹姆斯·戴尔·古克特（James Dale Guckert）。甘农曾经是两个保守派网站的记者，而这两个网站都是得克萨斯州共和党活跃人士拥有的。他在2005年2月辞职。杰夫·甘农一度参加白宫和总统的记者会，他多次从白宫得到有效期一天的记者证。某次，他在向布什总统提问时贬斥来自内华达的民主党人、参议院少数党领袖里德，提问中包含了虚假信息。这引起了人们对他的注意。

不再受白宫欢迎的杰夫·甘农说："过去我犯过错误，是不是就意味着我没有未来呢？是不是我不再有当记者的资格呢？"不一定。但是，虚构和造假肯定玷污了一个记者的职业生涯记录。

人心自有公论，由于缺乏公信力、责任感、负责态度，新闻界在过去这些年里已经遭受到大量批评。在过去，人们曾经假定，只有一个有道德的人才可能做出成绩或者被提升上去。 如今媒体在各种压力和不断增加的竞争面前，很容易就忘记那个"抢先不过要准确"的信条。

当然，在这个行业，欺骗和虚伪早不是什么新鲜事了。"黄色新闻"这个术语早在19世纪后期就已经出现了。那时纽约的发行人约瑟夫·普利策（Joseph Pulitzer）和威廉·伦道夫·赫斯特（William Randolph Hearst）策划和编造了许多轰动一时的"事件"，促销了数百万份报纸。

1897年，插画家弗雷德里克·雷明顿（Frederick Remington）厌烦了遥遥无期长驻哈瓦那、等待美西战争爆发的日子，他要求返回纽约总部，赫斯特电报回复道："请留下，你负责提供插图，我负责提供战争。"（摘自

W.A.斯旺博格：《公民赫斯特》，斯克里布纳出版公司1961年版）

而且他们的确也都实践了各自的允诺。

回顾更久远一点的历史，乔纳森·奥尔特（Jonathan Alter）在2005年2月7日的《新闻周刊》上写到了托马斯·杰斐逊和亚历山大·汉密尔顿都买通记者相互攻讦的往事。专栏作家沃尔特·利普曼（Walter Lippmann）和欧内斯特·K.林德利（Ernest K.Lindley）分别帮伍德罗·威尔逊（Woodrow Wilson）和富兰克林·罗斯福写过讲话稿。离现在比较近一点的有，在1980年的一场辩论中，乔治·威尔（George Will）称赞罗纳德·里根"有一流的表演天赋"，却没有透露里根的准备工作也有他一份；西德尼·布鲁门撒尔（Sidney Blumenthal）也曾经为格雷·哈特（Gray Hart）当写手，当时他正在为《新共和》（*New Republic*）周刊报道哈特的竞选。中央情报局（CIA）为了美国利益给外国记者付钱或者花钱在国外办报，已经不是一天两天的事了。

20世纪30年代，沃尔特·杜兰蒂（Walter Duranty）任《纽约时报》驻莫斯科记者。他没有报道斯大林当时残忍的高压统治政策，给读者提供的是乌克兰一切平安无事的假象；而事实上，乌克兰那时有几百万人口被饿死。

也许，20世纪80年代最丢人的新闻欺骗事件莫过于《华盛顿邮报》的珍妮特·库克（Janet Cooke）关于一名儿童如何吸食海洛因上瘾的报道了，她因此获得了1981年普利策奖。获奖后仅仅两天，库克就不得不承认，她报道中的吉米——那个海洛因上瘾儿童——其实根本就是子虚乌有。

20世纪90年代，《华尔街日报》记者R.福斯特·怀南斯（R. Foster Winans）由于为自己持有的股票增值而蛊惑和欺骗股民而被法庭宣判有罪；因为被指控编造消息来源与新闻，专栏作家迈克·巴尼克尔（Mike Barnicle）不得不从《波士顿环球报》（*Boston Globe*）辞职，另外一个专栏作家帕特里夏·史密斯（Patricia Smith）也被解雇；前美联社驻外记者彼得·阿内特（Peter Arnett）是一个优秀的战地记者，在越南战争和阿富汗战争中表现非常出色，他被后来的雇主CNN解雇，因为他在播新闻的时候念了一份别人写的稿件，里面提到了越战期间在老挝发生的一件事，而政府拿出证据证明那是假的。

电影《打碎的玻璃》（*Shattered Glass*）就是根据一个叫斯蒂芬·格拉斯（Stephen Glass）的年轻记者的回忆录编写拍摄的。在20世纪90年代，他为《新共和》杂志写了41篇稿子，后来编辑发现，其中至少有27篇稿子的全部或部分是虚构的，因此，他被解雇了。在阿富汗，当电视记者杰拉尔多·里维拉（Geraldo Rivera）提前报道了部队动向从而危及军队的安全之后，军方取消了他的报道资格。

我并不想和大众一样责备新闻媒体，但我毕竟为新闻事业努力工作了40多年，并且看似取得了一点成绩。当本行业有同仁不能按照正直诚实的最高标准来行事的时候，我只能表示深深的悲哀和遗憾。

上文提到的几个违反行规的人曾经找过心理医生，询问医生为什么并非在不得已的情况下却要去假造故事来欺骗世人。可是最根本的原因却还不清楚。在一些事件中，对金钱的追求、自我表现的欲望以及懒惰明显起了作用，而找捷径自然要比走正道的努力容易得多。

显然，鲍勃·伍德沃德（Bob Woodward）和卡尔·伯恩斯坦（Carl Bernstein）在20世纪70年代水门事件中表现出的那种反复核对信息来源的作风很少为后来的记者所遵奉。2005年6月，他们当年那种严谨的调查和报道所树立的楷模又再次为公众所关注，因为案件中那个神秘人物“深喉”现身，确认自己就是当年伍德沃德和伯恩斯坦导致尼克松下台的报道中的关键性消息来源。时年91岁高龄、健康状态渐衰的W.马克·费尔特（W. Mark Felt）30年前在美国联邦调查局当第二把手，他那时多次在凌晨与伍德沃德在公共停车场碰头，为后者确认尼克松政府腐败事件的各种消息。

费尔特的做法尽管有争议，但是，《华盛顿邮报》始终没有暴露他在该事件中扮演的线人角色，直到他自己说出来。当被问及在多嘴多舌的华盛顿，如何能够把费尔特这个秘密保守那么久的时候，现任《华盛顿邮报》执行副总编的鲍勃·伍德沃德说：“我们之所以能够保守这个秘密是因为我们守信。”

费尔特的故事公开发表前几个星期，《新闻周刊》应政府要求，撤下了一个关于在关塔那摩基地监狱中《可兰经》被亵渎的故事。

总裁兼总编辑理查德·M.史密斯（Richard M.Smith）在给读者的一封信

里说，“由于五角大楼的否认以及本刊消息来源改变了说法”，杂志撤下了报道。他还宣称，今后刊登文章的时候会对编辑和记者的稿件控制得更加严格。

在不久以前，新闻人员在从业中面临的道德困难以及新闻上缺乏道德的做法并不是新闻学讲堂上的中心话题。可最近以来，新闻界一直遭受各种丑闻的冲击，出现了不少抄袭、伪造或者缺乏调查而依赖可疑文件进行报道的事故。

媒体还会继续存在下去，因为只要人们还活在这个星球上就会有新闻。而且，随着科技进步，新闻信息日益丰富，使得掩盖新闻几乎不可能。大量读者和观众对内情的熟悉程度足以随时发现记者的错误。

近期的发展也表明，媒体清理门户的速度很快，因为它们知道公信力是新闻的基础。当报纸和广播的声望受到威胁的时候，有人就会丢饭碗。

# 第二章　腐败“无止境”

相对于自己的伦理失范，新闻工作者对影响总统、官员和名流的丑闻更为关注。那些故事吸引全社会，彪炳青史。在每个政治丑闻都被加上“门”字后缀之前，报纸就一直在追踪那些政治人物的各种违法行径。

权力导致腐败，丑闻总会爆发。

回顾美国历史，几乎没有哪个时期没有打上丑闻的烙印。只要随便回顾一下多年来华盛顿发生过的事件，就能得出这样的结论：调查性报道记者应该为他们的贡献而受到整个国家的褒奖。这就是我一再重申只有自由的、无拘无束的新闻界才能在最困难的时候拯救这个国家的原因。政府官员们经常会为了贪婪、腐化、追逐权力而钻法律的空子。幸亏有一个勇敢的新闻界，能够揭发出他们那些不可告人的目的。

不管新闻术语是调查性报道还是原来老旧的揭发丑闻的说法，说的都是揭发政府或者商界真正存在或者可能存在的腐败现象，最后将腐败者向公众曝光。

艾达·塔贝尔（Ida Tarbell）是19世纪末20世纪初最早的扒粪者之一，她揭露了美孚石油公司的垄断行为，对它妨碍中小型石油公司的公平竞争行为的叫停起到了决定性的作用。她父亲是被美孚石油公司创办人约翰·D.洛克菲勒欺负的“小人物”之一，塔贝尔小姐绝不宽恕洛克菲勒。阿瑟·罗恩·切诺（Arthur Ron Chernow）在《泰坦》（*Titan*）杂志上发表的《洛克菲勒传记》（兰登书屋1998年版）中谈到塔贝尔时说，在一个还没有什么女性从事这个行业的时代，她是一个严肃的、受过良好教育的新闻工作者。切诺写道："对她来说，美孚石油公司象征着横行霸道者对像她父亲那种正直之士的胜利。"

塔贝尔给《麦克卢尔》杂志写文章，把美孚石油公司与铁路公司之间长期以来互惠合作，降低了美孚石油公司运费成本的真相公之于众。洛克菲勒对此大为恼火，称呼她为"塔炮筒小姐"（"Miss Tarbarrel"）。可是，她战胜了那个时代的大亨和财阀们。她和其他记者的报道导致国会批准成立商务部和公司管理局。最高法院就该案作出裁决，拆分美孚石油公司，并开启了新的反托拉斯程序。

切诺在一则侧记中注意到，当时的商界还不懂得公关，所以洛克菲勒并没有反击塔贝尔给他的名声造成的损害，也没有向外拿出自己这一面的说法。

与塔贝尔名声类似的还有执著的社会主义作家厄普顿·辛克莱（Upton Sinclair）。他写了一本反映芝加哥屠宰场中移民工人的小说《屠场》（*The Jungle*）。这本内容阴暗的书被多家出版社拒绝之后，他决定自费出版。后来，在得到一个可观的订数之后，道布尔戴公司出版了这本书。根据全国档案馆的资料，这本书成了当年的畅销书，并且促使西奥多·罗斯福总统下令对肉类加工业进行调查。罗斯福与辛克莱会面并告诉他，尽管个人不赞成书中所鼓吹的社会主义的方式，但是他同意"必须采取激进的努力来消除资本家的傲慢、自私和贪婪的行径"。

辛克莱的书促成了1906年《纯净食品和药物管理法》（*Pure Food and Drug Act*）和《肉类检验法》（*Meat Inspection Act*）的通过。他继续写了更多强烈抨击社会阴暗面的作品，包括《宗教的利润》和《无耻收买》，后者是关于报纸的。1943年，辛克莱因小说《龙齿》获得普利策奖，这本书对纳粹主义崛起发出警告。

当我1943年夏进入合众社的时候，保罗·Y.安德森（Paul Y.Anderson）由于为《圣路易斯邮讯报》（*St.Louis Post-Dispatch*）作了精彩漂亮的调查性报道，在当时是一个传奇人物。安德森帮助曝光了蒂波特圆丘丑闻，那是20世纪早期极为可耻的阴谋之一。当安德森要求编辑派他去华盛顿的时候，他已经是圣路易斯顶尖的警务记者。在他们拒绝之后，他辞职去首都当了一名自由撰稿人。他总在国会山附近晃荡，因为那里的消息来源比白宫多。要知道，美国有535名国会议员，很多人都需要为他们的立法造势，也为自己扬名。虽然腐败定期爆发，但是我相信其中大多数人的确是在为公众服务。

在副标题为“华盛顿记者团史”的大作《来自华盛顿的报道》中，美国参议院史学家唐纳德·A. 里奇（Donald A. Ritchie）赞扬安德森“将扒粪移植到华盛顿新闻事业中”。里奇写道，安德森报道国会山时“从小道消息中得知”怀俄明州蒂波特圆丘的海军石油储藏地被卖给一个私人石油公司的过程中“发生了蹊跷事”。他意识到这是沃伦·G.哈定政府的“腐败行为”，他开始给《纽约邮报》（*New York Post*）、《民族》（*Nation*）、《新共和》等自由派报刊撰写有关蒂波特圆丘油田的调查性报道。哈定是俄亥俄州的共和党人，当时是美国的第29任总统。

安德森把他的发现告诉了来自蒙大拿州的参议员托马斯·沃尔什（Thomas Walsh），沃尔什在参议院举行听证会，而安德森则就召唤哪些证人和提哪些问题提出建议。沃尔什的调查发现了内政部长艾伯特·福尔（Albert Fall）接受石油工业贿赂的证据。通栏大标题吸引了数十名记者云集听证会大厅，而安德森因此如愿以偿，得到了《圣路易斯邮报》派驻华盛顿分社的职位，并获得了普利策奖。

安德森嘲弄了他那个时代的“新闻政治家”。若是由他来调查近年来对美国人民的最大骗局——将国家拖入伊拉克战争的谎言，我可以想象到他会怎么看待华盛顿同行。安德森不依不饶，做了一个记者该做的事情，为了追寻故事不惜一切代价。里奇回忆起安德森长时间在全国记者俱乐部的酒吧买醉。专栏作家海伍德·布龙（Heywood Broun）说：“保罗·安德森无论是醉是醒，都是他那个时代最优秀的新闻工作者。”

如今，当哈利伯顿公司（Halliburton）这个石油和能源服务巨无霸不经招标就在伊拉克拿到合同，并且几乎垄断了伊拉克重建项目时，扒粪者在哪里呢？

哈里·S.杜鲁门（Harry S. Truman）总统在“二战”后闹出了更多的丑闻，大多与他许多亲信的投机和腐败有关。由于是在堪萨斯城声名狼藉的彭德加斯特（Pendergast）政党小集团支持下入选参议院的，民主党人杜鲁门在当选为美国第33任总统之前就已经受到大量抨击。但是，他对朋友的包庇在政治上伤害了他，使得他在民意调查中支持率降到最低。

杜鲁门政府中的官员被控专权纳贿和不当使用政府资金，以致被共和党称为“华盛顿烂账”。司法部长霍华德·麦克格拉思（Howard McGrath）被解职，眼泪汪汪地离开。这些丑闻给杜鲁门后期执政带来很大的负面影响。1953年1月20日，他的继任者德怀特·D.艾森豪威尔宣誓就职。根据记载，在杜鲁门离任回到密苏里州独立城的时候，只有国务卿迪安·艾奇逊（Dean Acheson）和少数朋友给他送行。经年之后，杜鲁门的声誉重新达到新高——因为“二战”后他大胆的外交决策，以及他解除军队中种族隔离禁令的崇高举动——这结束了歧视黑人士兵的可恶制度。

在理查德·M.尼克松执政期间，《纽约时报》冲锋在前，发表了《五角大楼文件》，揭露导致美国发动越南战争这场悲剧的幕后交易。

这份档案是有7000页的美国国防部的秘密文件，涉及1945年到1971年美国如何卷入越战，该文件1971年由丹尼尔·艾尔斯伯格（Daniel Ellsberg）泄露，揭露了这样的事实：约翰逊总统早就想对越南发动战争了，虽然他一再坚持说自己没有这个打算。《纽约时报》披露文件摘要的做法激怒了约翰逊的继任者尼克松总统以及此后旋即上任的国务卿亨利·基辛格，他们通过法院以涉及国家安全为由要求禁止登载这些文件。这时，《华盛顿邮报》也参加到诉讼案中来，并且也开始刊登该文件。

最高法院以6：3判决下级法院禁止刊登这些文件违宪，因为政府没有提供足够的证据表明这些出版内容有损于国家安全。能把一场背信弃义、日益引起民众厌烦的战争的真相揭露出来，这是美国民众的胜利。

五角大楼档案的故事使这两家报纸赢得了广泛的赞誉，也因而成为民众心目中最优秀的报纸。在那个时代它们就能坚持不盲从政府和权威，尊重事实真相——这一点，正是21世纪以来，尤其是华盛顿和纽约遭遇“9·11”袭击的重创之后，我们越来越难得看到的媒体的可贵品质。迄今为止，水门事件无疑是其中最具灾难性的政治丑闻，它给社会留下的创痕难以消除。而这也让我对美国民众有了更多的了解。这一切始于1972年6月17日某些人非法进入民主党总部的水门大厦，而这时，尼克松的连任选战几乎已经开始全力冲刺了。

关于入室夜盗的最初报道并没有引起关注，直到《华盛顿邮报》的两名大都会记者开始挖掘，得知其中一名“窃贼”带着有几名白宫官员号码的电话本才发生了变化。就像狗叼着一块骨头，他们不肯轻易松开。他们发现了越来越多的证据表明他们“行窃”是由政府的最高层策划的。到这个时候，鲍勃·伍德沃德和卡尔·伯恩斯坦发现了丰富的情报资源，他们访问了秘书、竞选班底成员，还得到了政府官员的有效帮助。但是，他们最大的“金矿”是联邦调查局的第二号人物马克·费尔特。尼克松挑选已故联邦调查局局长J.埃德加·胡佛（J. Edgar Hoover）的继任者时跳过他而选了别人。伍德沃德和费尔特很早就建立了友谊。费尔特匿名为《华盛顿邮报》提供准确信息，他因此而声名大振，或者说声名狼藉——那根据各人的看法而定——他被叫做“深喉”。他一直隐姓埋名，直到2005年5月31日，费尔特家人认为，是他这个已91岁高龄、前联邦调查局第二号人物让世人知道他在曝光尼克松政府的丑闻并促使总统下台过程中所扮演的重要角色的时候了。尼克松下台后，很长时间人们仍然对“深喉”的身份怀着强烈的好奇。

多年来，我就华盛顿的政治生活在各地演讲的时候，总被问到是否知道他究竟是谁，我总是回答说，如果我知道，我早就写出来了。我确实觉得他是一个局内人，但是我不会像当年尼克松的白宫助理们那样，在对外讲话中妄加猜测。

对记者来说，重要教益在于发现各个阶层中的异见人士，并且学会与他们建立信任的关系。我把费尔特看作是做了正确事情的英雄。他和许多揭露政府中黑幕的人一样，当他们看到政府官员背叛了捍卫美国宪法的誓言时就站了出来。他固然有自己的动机，但是他同时一定怀着对国家重大的责任感，要警告人们小心尼克松政府带来的危害。

作为一个身在那个可耻时代的白宫记者，我会永远感到我本来应该更加警惕、更加怀疑一个试图掩盖阴暗面的行政当局。如果不是《华盛顿邮报》发行人凯瑟琳·格雷厄姆（Katharine Graham）、执行主编本·布拉德利（Ben Bradlee）等英勇之辈敢于与白宫作对并为一个有18名记者之众的调查团队付账，他们就有可能金蝉脱壳。《纽约时报》也去追踪这个故事，但是《华盛顿邮报》在报道中先拔头筹。

在水门事件被披露以及尼克松在政治上死亡之后，我相信很多记者一定和我一样，回顾在整个事件中自己的每一步，看看哪里犯了错误。我时常把在新闻发布室里的那些日子称为“正午的黑暗”，这是阿瑟·凯斯特勒（Arthur Koestler）伟大著作之一的书名，它描写了他对斯大林式共产主义的深深幻灭。从马莎·米切尔（Martha Mitchell）那些频密的和有时是刺耳的电话里，我开始看到尼克松的白宫不祥的一面。她的丈夫约翰曾任尼克松的司法部长，后任总统连选连任委员会的主管，这个委员会以它的缩写CREEP①闻名。

起初，米切尔夫人因为她是一个说话直率的新面孔，一个受欢迎的阁员夫人而受到尼克松重视，她还知道如何去对付那些反越战抗议者。她很快成为一个公众人物，活跃在电视节目中，这在政府官员的夫人中还没有先例。但是她很快被尼克松厌烦，因为她公开批评越南战争并声称害怕丈夫会深陷政治漩涡，她把政治称为“肮脏的行当”。

在尼克松从华盛顿去加州的时候，米切尔走到“空军一号”记者和摄影师云集的后舱，她颤抖地说：“越南战争糟透了。”我的男同事们和我都拿出了笔，把她的话记在了记事本上，飞机一在安德鲁斯空军基地降落，我们立即跑去找电话把她的话告诉报社。这事之后，她被禁止登上总统的喷气机，成为一个不受尼克松那一伙欢迎的人。记者们经常嘲笑她，并且散布说她在清晨的言论是酒后胡言。

我相信她几乎无法忍受周围充满欺诈的环境，而要向世界大声说出自己的心里话。她确实以自己的方式这样做了，许多女性逐渐认同了她，有着对她的美好记忆。她总让我觉得她就是笔触辛辣尖锐的剧作家田纳西·威廉斯

---

①在英文中有“蹑手蹑脚地行走”之意。

（Tennessee Williams）笔下南方女性的典型。

马莎发觉电话就是她的朋友，她每每“马上”要发表什么的时候，就可以打电话找通讯社的记者。我就曾荣幸地多次接到过她电话（而且往往是在不可思议的时间），有次我在西部刚刚露面就被她找到了。在这个1973年1月的电话里，马莎告诉我尼克松应该辞职。我很快打电话给合众国际社华盛顿办事处，把这个紧急的故事口述给他们。尼克松狂怒，想尽办法来驾驭、控制马莎。有一次尼克松的一个死党在街头追着我说：“你为什么自己不摆点谱，而要跟马莎·米切尔这样的人来往？”

虽然她对白宫难以置信的阴谋诡计还不甚了了，也无法把一切信息整合理顺，但她知道肯定有什么不得了的大错正在铸成，将要吞噬她的家庭。尽管她爱她的丈夫，但是几乎没有哪个婚姻能够经受这样的考验。约翰·米切尔即使进了监狱，出来以后依然对尼克松忠贞不渝。1976年阵亡将士纪念日那天马莎去世，我致辞：“当游行队伍经过的时候，我们会记得马莎·米切尔……”她坟头的一个花圈上写着：“马莎是对的。”

当代另一个令白宫全力以赴的丑闻是伊朗—尼加拉瓜反政府武装事件（即伊朗门事件），它让里根政府颜面尽失。为了解救在黎巴嫩被绑架的美国人质，当局违反美国过去采用决不向恐怖分子屈服，也不与他们谈判的政策，将武器卖给伊朗的霍梅尼（Khomeini）政权。此外，伊朗买武器的3000多万美元还被秘密转用于资助尼加拉瓜反政府军武装颠覆桑地诺政权。数以百万计的美元至今仍然没有下落。总统国家安全事务助理罗伯特·麦克法兰（Robert McFarlane）和他的继任者约翰·波因德克斯特（John Poindexter），以及海军陆战队中校奥利弗·诺斯（Oliver North）在里根的白宫地下室里面秘密地指挥伊朗—尼加拉瓜反政府武装的活动。

当黎巴嫩报纸《帆船》（*Ash-Shiraa*）披露麦克法兰秘密访伊和运送武器事件之后，里根完全否认，斥责该报为“破抹布”。怒气冲冲的里根首先声称对此一无所知，谴责那些紧追不放的记者就像在水里闻到血腥的鲨鱼一样可恶。第一夫人南希·里根（Nancy Reagen）直觉比较敏感，丑闻爆发的时候她就深陷绝望，害怕她丈夫也会被弹劾。她动作很快，立即召集各路政治人物，包括共和党甚至民主党，开始内部大清洗。在民主党智囊人物鲍勃·斯特劳斯（Bob Strauss）的建议下，她强迫白宫幕僚长唐纳德·里甘和另外一批助理辞职，里根——为此等原因被称为“特富龙总统”（比喻顺利逃脱丑闻）——被保住了，同时幸免于难的还有副总统乔治·H.W.布什（George H.W.Bush）。布什告诉《华盛顿邮报》记者兼专栏作家戴维·布罗德，他没有参与用武器解救人质的秘密会议的讨论。事实并非如此，调查表明，布什曾经参加过17次国家安全委员会关于这一秘密行动的会议。想想看，布什曾经任职于许多政府部门，包括担任中央情报局局长，他当时却仿佛是桑尼布鲁克农场的吕蓓卡[1]，从不曾沾染据说是里根让波因德克斯特和诺斯在白宫的地下室搞的第二政府的那些丑恶的阴谋诡计。我一直想布罗德为什么不为布什对他在采访中的假话回头找找他，但是记者一般都不那么做，他们都很老于世故地继续做别的事情去了。但是，在我看来，负责任的媒体应该全程追溯事件的来龙去脉，并且给公众一个完全彻底的交代。

有好几个人因为这一丑闻而被法庭判罪，其中包括麦克法兰、诺斯、波因德克斯特。麦克法兰被判监禁缓刑两年，诺斯和波因德克斯特因为在参议院作证而预先得到豁免。最后，里根赦免了因在“伊朗门事件”中作伪证而遭受指控的国防部长卡斯珀·温伯格（Caspar Weinberger）以及中央情报局和国务院的几个官员。

里根的形象一度受到了影响，可是国会里没有人想去弹劾这个年事已高的总统，因此他有幸能够昂首挺胸地离任。2004年他因阿尔茨海默病（老年痴呆症）去世的时候，几乎在民众心中留下完美的形象。其他总统虽说也有丑闻，可是与伊朗门事件和水门事件根本不是一个级别的。

吉米·卡特（Jimmy Carter）总统不得不为他的预算部主任伯特·兰斯（Bert Lance）进行辩护。兰斯在佐治亚州的卡尔霍恩第一国民银行有股份。1977年，司法部对该银行的违规行为进行调查之后，他不得不自动放弃了在该银行的股份。兰斯从政府里辞职，并且面对十项起诉，都是有关给亲朋贷款或者金融方面作假的。到1980年，兰斯最后在所有指控上都被判决无罪。

---

①秀兰·邓波儿主演的电影的主角。8岁的吕蓓卡非常自信，是一位天才的表演家。

对于卡特总统的弟弟的案件，我一直怀有某种个人感情。因为比利·卡特（Billy Carter）在第一家庭这层关系，利比亚政府给他付钱，比利还天真而理所当然地领受了。1978年到1979年之间，比利曾经三次出访利比亚，最后还注册为利比亚政府的代言人。然后，他收到了利比亚政府22万美元的贷款。这件事引起舆论大哗，尤其是在共和党希望卡特下台的时刻。

卡特总统非常疼爱这个小弟弟，为了给弟弟开脱、辩护，他竟然开了一个长达一个小时的新闻发布会。这是一个对他而言近乎酷刑的折磨过程。在这个过程中发生了一个剧变，那就是记者从此可以报道高官的私生活故事了。

我开始跟约翰·F.肯尼迪（John F. Kennedy）政府打交道的时候，有一条新闻铁律已经流行多年，那就是：总统和高级官员的私生活是禁止报道的。那时市面流传着大量关于肯尼迪总统打情骂俏、调情出轨的传闻，但是那些消息最后并没有出现在报纸或者广播中。当时的君子协定是，每个人都有自己的隐私权，除非他的行为已经影响到他所担负的社会义务和责任。由于忽略这些谣言，我们这些记者经常被公众谴责为包庇肯尼迪。希望大家能够理解，那时是个不一样的年代，记者必须遵守那条君子协定。过去有关各位总统的小道消息也流传甚多，但也只能停留在小道消息的地步，记者不会去证实。可是，20世纪60年代的性革命和小报的发展让这一切改观了。

1984年，科罗拉多州的民主党前参议员加里·哈特（Gary Hart）竞选总统的时候，他发现私生活已经不再是禁止报道的了。他犯的错误是去挑战记者，让他们调查他的私生活。记者确实发现了他和女朋友唐娜·赖斯（Donna Rice）在船上鬼混。面对报纸上的通栏大标题，已婚的哈特只好灰溜溜地从候选人中引退出局了。

为人低调的吉米·卡特总统唯一被曝光的私生活是在他接受《花花公子》采访的时候承认，自己确实对某个女性“怀有强烈的欲望”，即使如此轻描淡写的自白也上了那时的头条新闻。

而最吸引全国公众眼球的丑闻莫过于比尔·克林顿（Bill Clinton）总统和白宫实习生莫尼卡·莱温斯基（Monica Lewinsky）有染这一事件了。这导致克林顿被弹劾，后来参议院表决判克林顿无罪。独立检察官肯尼思·斯塔尔（Kenneth Starr）和他的同事们无情地追查总统，他们的行动天天都上报刊的头条。右翼共和党人尽其所能地挖掘有关克林顿私生活的消息。先是他在阿肯色州当州长时曾在一家酒店对葆拉·琼斯（Paula Jones）进行性骚扰事发；然后，他在小石城那时和珍妮弗·弗劳尔斯（Gennifer Flowers）长期的婚外情曝光了。这一切让克林顿最隐秘的私生活早就成为媒体探秘的对象，并且一直跟着他进了华盛顿。

克林顿的适应力和他对自己个人的强烈信心帮他渡过了难关，但是整个事件的过程对于全国公众而言真是一本引人入胜的书。克林顿不是唯一受困于丑闻的人，其他的政客也难逃其咎，只好听天由命，任由媒体摆布了。政府官员很快发现，即使主流媒体忍住不报道他们的私生活，可是小报、互联网不会如此克制。一旦这些故事公开发表，其他的媒体就肯定会跟风刊登或者把老底全部揭开，否则就会被指控有意隐瞒。要是媒体故意不去报道，互联网上的博客写手——新型义务电子警报员（或者叫做监督员）——就会严厉指责媒体的疏漏。

克林顿总统从进入白宫之后，就没有一刻不在被调查。共和党极端保守派从他上台的那一刻就要将他整垮。他们从“白水事件”开始调查。20世纪70年代，克林顿和他的妻子希拉里为了挣钱，曾经通过麦迪逊储蓄银行进行不动产风险投资，而这家银行于1989年破产。克林顿被指控以不正当途径卷入竞选捐赠资助，还有税收利益和政治分肥，等等。克林顿夫妇否认在这些事件上做过错事，声称他还在投资上亏了本。

特别检察官肯尼思·斯塔尔接手了“白水事件”调查，他冷酷得如同《悲惨世界》里那个叫做沙威的警察。他也得到了更多的权力，就克林顿与21岁的白宫实习生莫尼卡·莱温斯基在椭圆形办公室里面的关系撒谎一事开展调查，这是与“白水”毫无关系的案件。

“白水事件”无声无息地消失了。而当斯塔尔出示的调查结果显示克林顿在他与莱温斯基关系方面作了伪证时，共和党简直高兴坏了，因为他们有了弹劾的根据。1998年，在调查克林顿性丑闻的过程中，斯塔尔承认，他的班子对“白水事件”调查结果没有足以弹劾总统的证据。最后，另一个检察官罗伯特·雷（Robert Ray）得出结论："白水事件"的证据不足以构成犯罪事实。

1998年1月17日，"德拉吉报道"网站率先报道了莱温斯基绯闻，虽然《新闻周刊》事先就知道了这个故事，可他们没刊登出来。克林顿连忙采取了一系列手段否认，他和妻子一起来到在白宫的罗斯福号房间，对外界宣称："我与那个女人——莱温斯基小姐——没有任何性关系。"他说，他绝对不会撒谎，外界的传闻是谣言。

当然，丑闻就此开始冒芽了。性丑闻比经济腐败丑闻更有吸引力，克林顿的政敌称心快意地尽情享受看着他倒台的快感。一个联邦法官1998年5月裁决，大陪审团有权要求克林顿的警卫作证。1998年12月19日，众议院举行全体会议，以228票对206票和221票对212票的比例通过了弹劾克林顿总统的两条理由——在与其有关的绯闻案中"作伪证"和"妨碍司法"。

参议院的表决迫使克林顿站到参议院的审判席上。1999年2月12日，参议院在对克林顿总统弹劾案的最终表决中，以45票赞成对55票反对否决了对克林顿的第一项弹劾条款，即指控他在绯闻案中"作伪证"。同时以50票赞成对50票反对否决了他"妨碍司法"的第二项弹劾条款。克林顿经受住了这场暴风雨的考验，于2001年1月20日顺利离任，他遍体鳞伤却毫不屈服。他没有因此失去他在美国公众心目中的声望，虽然他失去了许多人对他的尊敬。

如果说美国有哪位政治家能够在丑闻中复原的话，克林顿当之无愧，他与经受了水门事件折磨的尼克松遵循着同样的家训：永不放弃。这条家训无论是克林顿还是尼克松都是从对他们关怀备至的母亲那里承袭下来的。

# 第三章 总统和记者
## ——两股道上跑的车

记者常常被指责始终对人对事怀有敌对情绪——尤其是对政客。这点完全没错。而且人们责怪我们总是围着坏消息转——尤其是丑闻。这并不正确。告诉我们好消息，我们同样会很乐意去报道。

我很快就发现，甚至在白宫看上去平安无事的时候，也不会没有新闻。有时候的确新闻不多，可是在某个地方的某个人身上总会有什么事情发生。我明白了新闻发布里的沉默和宁静不过是暴风雨的前奏而已。我为通讯社工作的时候，负责每天近距离跟踪总统和他的家人的日常生活，而这时，新闻随时随地可能发生。很多次，半夜三更的时候，接到我在全国新闻大楼的办公室的紧急电话之后，我立即冲出公寓，跳上出租车直奔白宫。

有时，可能是白宫新闻简报处要发布什么重要的声明，特别是在越南战争以及后来格林纳达、巴拿马和海湾战争期间，这样的时候尤其多。

当然还有其他突发新闻，比如某一架没有得到许可的直升机直接降落在白宫的南草坪上。还有一次，是一架小飞机坠毁在白宫办公室玫瑰园附近的一面墙上。

有的记者觉得，驻白宫的差事很没有意思又很受局限，可是我从来没有觉得无聊过。我和我的同事们为合众国际社搜罗白宫里的一切信息，因为我们相信，任何新闻或者是总统的任命，在全世界范围内，总可能有对此感兴趣的客户媒体。每次我作为肯尼迪说的“闹嚷嚷的一帮子”中的一员进到椭圆形办公室，我知道那是一种殊荣。多年来，我见过千百名美国或者外国游客在白宫的铁栅栏外面朝里面窥视着，猜测里面正在发生的事情，还询问总统究竟是不是住在里面。他们也可能隔着栏杆看到正对着宾夕法尼亚大道的北草坪上的电视直播记者，揣测着可能要发生什么重要新闻了。的确，很多时候他们猜对了。

自从60年前开始事业生涯以来，我目睹了新闻事业的许多变化。有的变化是新闻形式上的变化，有的是获取途径的变化，特别是技术的变化。在“过去的好时光”里，我们这些个记者为了领先一步跟办公室报告最新消息而跑过好几条街去打电话。我们知道，风风火火地赶到西部联盟电报公司的办公室去发稿，却发现那里关了门的时候会是多么失望。当然，对于战地记者而言情况就更加糟糕。在前线，他们抢到的独家报道往往会因为传输障碍或被审查而耽搁好些天。如今，我们已经用手机、计算机和卫星传输替代了电报和地上通信线电话。电子时代使我们能够实时交流，但不幸的是，这并不意味着新闻作品的质量因此就能够得到提升。尽管有许多科技的创新和便利，可是要做好新闻报道依然需要记者亲力亲为地做许多深入调查、资料采集的具体工作。作为记者应该知道，任何东西都不能代替他们亲眼看到的整个事件的发展过程。手提电脑如今已经是记者的基本装备了，因此，记者能够在任何时间、任何地点都能把他们的所见所闻整理成文发送回去。

新闻编辑室也有了变化，如今这里像殡仪馆一样安静。有时候人们也形容这像是保险公司装了地毯和电脑隔间的办公室，每个记者坐在自己的工作间与同事隔绝开来。我怀念那种老式的电传打字机滴滴答答的声音，固然，现在装修考究的办公室已经替代了我们那时黑暗、邋遢的“作坊”，可是如今有什么重大新闻办公室都不再有当时那种激动和喧哗的场面了，彼此携手合作那种战友式的友情也不见了。可以说我怀旧，可是我真是怀念那种激动紧张的工作氛围啊。

时常有人问我，是什么把你带进了新闻领域？是什么促使你当了记者？你为什么年复一年、日复一日对这个职业如此执著？这是一个没有安全和经济保障的职业，得到的只有知识以及为公众知情的伟大事业而作贡献的满足感。很多记者和我一样，是从在学校为校报工作开始被引上做新闻这条路的。这是大家都熟悉的故事了。我觉得，要是有一个让我一生都能够管闲事、打听消息的位置，那就是我想要的、为我而设的工作。无论是开始在校报还是后来在日报工作，我都喜欢那种自己有份参与的感觉。我并没幻想做新闻很容易，可我也没意识到它在多大程度上是一个男人控制的世界。

那是在20世纪40年代，第二次世界大战期间，政府恨不得把所有活着的年轻人都拉去当兵，没有哪个家庭可以幸免。我刚好大学毕业投奔华盛顿而去，我在现在已经倒闭了的《华盛顿每日新闻》找到第一份工作，这个报纸隶属于斯克里普斯—霍华德报系，我的工作是负责誊抄文稿，兼任办公室的勤杂工。我以为，我已经进入这一行了，那时我只不过是有一条腿迈进了门罢了。可我仍然有机会与这些前辈一起工作，我观察他们如何用老式手动打字机打他们的文章，最后从打字机上扯出打好的稿子，大声喊“付印！”，然后故事就通过电传发往斯克里普斯—霍华德报系各子报。负责电传的报务员经常会挑出错漏和毛病并加以改正。没错，编辑和记者不断地抽烟，有的人还在办公桌抽屉里藏了一品脱酒类饮料，有的人模仿本·赫克特（Ben Hecht）扮演的电影《头版新闻》里的主人公，把帽子俏皮地歪戴着。新闻编辑室里粗话连天，充斥着各种谣言和小道消息。斯克里普斯—霍华德报系有几个在世界各地专门报道战争的记者，因此，当《华盛顿每日新闻》比其他当时最具有竞争力的《华盛顿邮报》、《明星晚报》、《时代先驱报》抢先报道独家新闻的时候，报社里洋溢着一种洋洋自得的气氛。如今，除了《华盛顿邮报》，其他报纸都已经不复存在了。

不久，我进入合众社担任地方新闻广播稿撰稿人，每天早晨5:30上班。我在这个行业中干过各种杂活。当时我的工作包括从电传过来的文稿中编辑和选择一些段落或者部分发给政府机构和外地报纸驻在这里的办事处。当铃声响过五次以后，我会从我的座位上跳起来，跑到电传打字机处，看着传进来的文稿。这时候，我明白，我已经选择了一份要求苛刻、报酬低微然而每天都教我许多东西的事业。

1957年，合众社与竞争对手国际新闻社合并，变成了合众国际社。随着时间推移，我开始被派去报道司法部及其他许多政府部门，其中包括卫生、教育和福利部（现在改为卫生与社会服务部）。说起来很浪漫，回头看看那段日子，真是做报纸最好的时光，那时新闻的最高原则一直深植于编辑、记者和摄影记者内心。我们不能想象让人去虚构或者加工一个新闻故事，那时有那么多的新闻热点，又有那么多的记者愿意去做那些仔细的核实调查工作。当时的氛围真是事在人为，因为记者们知道他们的升降取决于他们自己的能力。他们寻求真相的过程完全是独立自主的。当然，那时政府也做了许多公关，但是并没有后来我们必须去对付的有组织的“忽悠”和被管理的新闻。

1960年大选之后，我开始报道肯尼迪总统。在我心目中，他始终是美国20世纪后半叶最有号召力和影响力的领袖。虽然到1963年11月22日被暗杀那天为止他仅在任1000天，可我感到他留下的印记尤为重要，只要读一读他那些雄辩的演讲词就够了。可他做的远不止于此：他创建了美国和平队；签署了第一个限制核试验条约；制订了人类未来10年内的登月计划，这个梦想在他逝世之后得以实现。当时的白宫记者团相对而言规模很小。肯尼迪开了新闻实况转播的先河，而电视台的报道队伍只有在特殊的场合或者这类实况转播时才会到来。大家相处的氛围友好而融洽，每每肯尼迪穿过那个大大的记者和摄影师们待的接待室时，他会跟我们开玩笑，他的机警才智仿佛随时处于蓄势待发或者说备战的状态，他似乎也喜欢跟大家你来我往地斗智斗勇，在这个过程中让彼此的思想碰撞。在那些日子里，我们与一个活生生的总统走得那么近，目睹着他的沉浮。当然，那时也有秘密。可是没有像后来各届政府制造的那么多。

有时我会在清晨5:30就抵达白宫而往往到半夜才离开。每当有外国首脑来访的时候，总统夫妇就会举行国宴招待，宴会之后记者们多半会被安排在白宫东翼，或者用餐结束后跟大家在一起，逼着外国元首和总统回答我们的问题。好几个总统允许记者去报道他们的社交活动，当然，女记者都盛装打扮，穿着曳地晚礼服，戴着长及手肘的白色长手套，这些通常是从当地折扣店里买来的。

我有一套自己独特的适合各种场合的标准行头——一条黑色的天鹅绒长

裙、一件相配的短上衣和一件高级的真丝外套——在我看着身穿迪奥或者香奈尔晚礼服的官员夫人入场的时候，这就是我身上的标准礼服。

有些官员和太太会担心在场有记者，但是我们能拿出参加的理由来。我们的理由是，美国民众可以通过我们的报道在电视节目中感受和欣赏到国宴的气氛和魅力。毕竟，国宴花的是纳税人的钱。记者通过白宫社交活动可以得到很多新闻线索。最高奖赏莫过于总统对某一报道加以评论了。有意思的是，很多总统竟然会谈自己的感想，可能是因为整天都没有外人问他们有什么观点和高见的缘故。

我想起在报道社交活动的时候自己曾经多次跑去打电话，每每我得到一点“来之不易”的新闻的时候，我往往等不及晚会结束。我报道的最后一个总统是乔治·W.布什，他不习惯这些繁文缛节的仪式，他和第一夫人在5年当中只举办过6次国宴，次数远远低于前任总统。他不开晚会的原因是通常他睡得很早，而且他是一个主张禁酒者。

国宴嘉宾名单总是迷人的，大多数总统会尽量邀请各类嘉宾，总是有内阁高官，此外一定也有好莱坞明星、政客、知名新闻工作者，还有政治献金金主。通常，在总统夫妇乘电梯回到他们的住处之后，宾客都很喜欢在海军陆战队乐团的伴奏下在大休息厅翩翩起舞。可是林登·B.约翰逊（Lyndon B.Johnson）总统却例外，他觉得，对于女士们而言，“和总统跳舞”是重要的，那样她们回去以后可以跟朋友炫耀一番，再者他自己也喜欢跳舞。

最难得的是我也曾被邀请到他们住处，约翰逊总统时常会在某个记者身边停下，问我们吃过午饭没有。我们总是说没有。他就陪同我们上楼到他的家庭餐厅，让我们加入他的烛光晚餐。他的饮食受到严格控制，因为他在55岁左右的时候曾经犯过心脏病，其实并不是约翰逊总统要严格控制饮食，而是他的夫人紧紧地盯着他呢。

约翰逊时刻都喜欢有人陪着他，在个人用午餐的时候，他会拿着早新闻的副本大声地读出要闻。他会把那个提的问题最尖锐的记者点名叫到身边。他这一来，把我们都镇住了。约翰逊对写他的任何报道都很敏感。很多总统也如此，包括肯尼迪，但是也有很多总统不一样，他们好像对有关他们的新闻有免疫力似的，除非他们实在被批评得过火了。

我几乎应邀参加了所有报道过的总统的国宴。那时，我会盛装出席，还向那些在警戒线外的同事挥手致意——我平时经常就在他们站的位置上。那是我的夜晚，我多数时候能把那些夜晚变成我的专有时光。我会带上一个小小记事本，把它藏好，毕竟，我是一个客人，但是那也无法阻止我不动声色地采集新闻。毫无例外，每次在这样特殊的场合，我都感觉到自己在分享某一个历史时刻。其实，在成为白宫嘉宾的时候，你已经注定成为这个夜晚发生的一切的一部分了。

我记得有一年白宫的圣帕特里克节（Saint Patrick Day）[①]晚宴，因为第一夫人杰奎琳·肯尼迪（Jacqueline Kennedy）不在场，由总统的母亲罗斯·肯尼迪（Rose Kennedy）当女主人。她穿着一套金碧辉煌的镶着金边的绿色晚礼服，主持的时候简直有点像女王。肯尼迪在一边观察着我们这帮女记者如何审视他的客人。我走上去对他说："这简直就是爱尔兰人的盛会之夜。"他咧嘴笑着一语双关地问我："那你在这里干吗？"因为我的祖先分别来自叙利亚和黎巴嫩。在白宫能够看到总统与民同乐可真好。对有的总统来说，这是一件趣事，而有的则认为这是一种折磨。但是他们知道这是他们工作的一部分，所以他们也只好强颜欢笑。他们的祝词，通常是他们专门请人写的，也可能是国务院的人写的，那些祝词肯定热情洋溢地吹捧那些来访的元首。

没有哪一任美国总统不曾感谢过法国人拉法叶侯爵（Marquis de Lafayette）对美国作的贡献，对美国而言他是最重要的贵宾，他曾经为美国革命而战。在冷战期间，当与苏联和平共处的政策即将成为可能的好时候，我们等待着美苏关系解冻的每一个迹象。尽管我们回避外交方面的细微差别，但是我们从两国领导人的谈话态度，还是可以看出是亲切还是勉强。大部分时候，他们会尽量显示已经达成了共识，以及正在迎接一个友好新时代的到来。

在合众国际社那段时间，我比任何记者乘坐总统座机"空军一号"外出的机会都多，我最重要的出访是随同尼克松、福特、卡特、里根、老布什和克林顿一起进行的。而最频繁的要数跟肯尼迪和约翰逊一起出去，还有参加

---

①圣帕特里克是爱尔兰人的守护神，肯尼迪为爱尔兰裔。

各种活动以及跟随他们去度假。我由此认识了“空军一号”的乘务员和机组人员，他们都非常随和而且乐于助人。很多记者都喜欢乘坐更放松、更轻松愉快的记者专机，然而我更喜欢坐总统专机，这不是为了那份殊荣，而是因为我在工作。要是在此期间发生什么故事的话，一定是在“空军一号”上发生的。

出国访问的记忆都让人难以忘怀，每个记者都希望有这样的机会，这个过程让人精疲力竭，但却心情愉悦。有时候我在一个国家只能待上24小时或者最多两天。我们似乎刚抵达就马上要离开了。由于离这些世界首脑很近，我们能够摸清楚他们究竟处得怎么样，关系是否和谐、密切。在英国前首相玛格丽特·撒切尔（Margaret Thatcher）最受瞩目的时期，她在召开全球经济峰会例行合影时总是想方设法站在里根的旁边，他是她最喜欢的美国总统。我参加过很多次全球经济峰会的采访，看起来似乎又有一次中东危机要在第三世界的债务压力和全球性财政问题的背景下爆发了。

过去，阿拉伯国家与美国关系和睦的时候，每当美国总统访问，沿途都跑出几千人来热情欢迎。如果不能保障安全，总统的车队就会直接快速穿过首都的主干道，路边只有一两个人挥手示意。我早先得悉，在大多数国家，一位美国总统的欢迎仪式是导演出来的。如果总统个人受欢迎的话，人们会自发地表现他们的热情。

当我在美国国内巡回演讲的时候，人们经常问我：“哪次随同总统出访是最难忘的？”我必须承认，是1972年随同尼克松总统那次突破性的对华访问。那时美国和中国尚未建交，有将近20年时间没有任何正式交往和接触。我们简直像登陆火星一样。一切都是故事，每个驻华盛顿记者都想参与这个旅程。当尼克松在电视上宣布他将应邀访问中国的时候，全世界目瞪口呆。台湾显然不高兴。日本因为事先没有得到通知而显得格外震惊。

对我们而言，这是一个极为重要的见证时刻。作为记者，我们经常在第一时间记录下历史的进程。美国人民和世界各国通过我们的眼睛来看一个共产党领导下的新中国。我们得到了很高的礼遇，但是我们丝毫不敢马虎地观察一切。我们这些媒体中人，随同总统参加了所有的宴会和高级官方会谈。我们经历了难以置信的过程，这一切，有待我们如实记录下来。

随着年代远去，因为安全威胁和恐怖袭击日增，越来越多障碍出现了，也逐渐影响了对总统的报道。过去我们经常跟在总统旁边直接穿过宾馆大堂，或者跟他一起散步，现在没有了。这一切都改变了，尤其是世贸中心和五角大楼“9·11”恐怖袭击之后。谁也不可能一边跟在总统身边跑步，一边向他提问了。近年来，美国总统时刻在安全警戒线内被保镖围得严严实实。在总统的车队出行的时候，防暴警察的枪始终是从车窗对着外面的。总统依然会走进人群和民众握手，可是他们都是在高度监视中，任何可疑对象或异见人士都会被赶走。

每当我和以前的白宫记者谈论过去的时候，我们都知道，像过去那样记者能够如此接近总统的时光已经一去不复返了。似乎白宫要回到当年哈里·S.杜鲁门总统早晨沿着宾夕法尼亚大道散步，黄昏带着几个记者和摄影师漫步简直是不太可能的事。任何总统的活动规律被知道了都是很危险的事情。总之，我们仍然认为，任何一个总统在公众场合出现的时候，记者在场是非常必要的。当有人要刻意扭曲或者夸大事实的时候，有一个客观的观察者在场记录实情非常重要，任何帮助都无法替代或抵消他们的作用。

几年前，我多年的老朋友、报人乔恩·弗兰森（Jon Frandsen）给了我一本他已故的父亲、前合众国际社华盛顿分社社长朱利叶斯·弗兰森（Julius Frandsen）珍爱的书。这本书出版于1948年，其实是约翰·H.索雷尔斯（John H.Sorrels）的一封信。索雷尔斯曾是斯克里普斯—霍华德报系的执行主编，他给一个正在斯坦福大学就读、考虑日后进入报业的年轻学生写信。索雷尔斯写道：“我觉得，报业似乎不是很适合或者能够满足那些仅仅想以此谋生的人，因为报业的内涵远远超过任何一桩生意、一种贸易或一个职业。它是一种生活方式。”我希望新一代的新闻工作者能够明白新闻事业在一个民主社会中的作用，并且能够让它重归它应该归属的地方。

# 第四章　新闻发言人——众矢之的

对于很多记者而言，跑白宫就是进了天堂——登峰造极的标志。

我们对白宫新闻发言人的了解和评头论足要比对总统的多得多。我喜欢的新闻发言人往往具备智慧、热情和同情心，他善解人意，知道记者和新闻发言人该扮演怎样的角色。当新闻发言人知道自己是在处理国家事务、代表总统的政治评论家的时候，他们的行为对国家是最有利的。

我一直认为，在白宫当新闻发言人是仅次于总统这个职位的最艰难的工作了。

事实上，要描绘白宫新闻发言人这一职务，说那是“一项不可能的工作”恐怕更为确切。因为新闻发言人身处于两个世界之间——无论在什么实际状态下，政府都要求他们描绘出玫瑰色的图景；而疑心重重，或者说愤世嫉俗喜欢冷嘲热讽的记者团则在寻求真实的答案。时常面对这样的窘境和工作难保的危机，大部分新闻发言人根据政治规则作出抉择：按照总统或者顶头上司的要求办，不管是对是错。

不幸的是，在这个高位上，很少有人能应付自如，以诚实为原则而敢于抗拒来自椭圆形办公室的号令。在我看来，一个好的新闻发言人应该具备正直、诚实、信誉、良知，而且绝不能少了幽默感，这就是为什么好的新闻发言人少之又少。

多年来，我满怀善意地观察白宫新闻发言人。经历了漫长、艰辛的道路才得到白宫新闻发言人这一职位，我总认为他们不会对媒体怀有敌意。我曾经听他们说："我绝不会骗你们。"听到这话我笑了，我的确相信他们会遵守诺言，他们也知道说谎很快就会露馅，我甚至敢挑战那些想掩盖真相的总统。

在新闻发言人到达的时候，白宫记者团通常会分为敌我两派。总有那么一些喜欢溜须拍马的媒体与被总统助手称之为"敌人"或者"对手"的媒体对峙。

一点不错，就如同肯尼迪总统说的那样，当新闻发言人走进记者云集的新闻发布室那一刻，他就成了众矢之的。

回溯起来，实际上，应该是富兰克林·德拉诺·罗斯福（Franklin Delano Roosevelt）总统的第一任新闻发言人史蒂夫·厄尔利（Steve Early）对新闻发言人的作用给出了定义，奠定了白宫新闻发言人这个正式职位的基础，虽然在此之前总统也有专门的发言人负责处理公共行政工作。时至今日，厄尔利在公众心中依然戴着光环，因为他既能与新闻界并肩工作，也能够让一个有主见的总统信任和满意——这实在太不简单了。

有的新闻发言人原本是有新闻行业经历的，他们有本能的机智去应付意料不到的问题。悲哀的是，有的人却忽略或有意跳过去了。

马林·菲茨沃特（Marlin Fitzwater）算是在白宫当新闻发言人时间最长的一个，他从1983年干到1993年，从里根幕僚转任老布什幕僚。他说："没有别的人能够明白每天要面对带着世界上每一个问题的记者的那种可怕。一个新闻发言人可能把事实弄错，自作主张回答一个问题，到头来陷进一大堆麻烦里面。"

我曾经面对9个总统，他们的不少新闻发言人都在各自的回忆录里写到我或引用了我的话，有的友好，有的不是。那些章节内容一般就是我对他们工作的评价，还有就是在当时特定的环境下，他们如何可能做得更好的一种推测。

我交往的第一个白宫新闻发言人是皮埃尔·塞林杰（Pierre

Salinger），他原来是一位生活考究的报纸和杂志撰稿人。他当然契合约翰·F.肯尼迪及其同僚带到白宫的充满活力和新潮的"新边疆"[①]。

眉毛浓密的塞林杰在放松的时候也喜欢叼着一根香烟，他跟记者说话的时候眼里总是含着快乐和有点恶作剧的神情。在某种意义上，他仿佛在说："我们同舟共济。"35岁那年，他成了最年轻的白宫新闻发言人。

我亲历了肯尼迪的就职典礼，几乎每天都与已故的普利策奖获得者梅里曼·史密斯和现已退休的阿尔·斯皮瓦克（Al Spivak）这两位同事出席塞林杰在办公室举行的新闻简报会。那从来都不是沉闷的时刻。

我曾有幸这样给肯尼迪的一次新闻发布会收尾：我说"谢谢你，总统先生"。我记得他如释重负地说出"谢谢你，海伦"时，露出的那种令人难忘的仿佛听到救命铃声的神情。

在塞林杰掌管之下，媒体变得活跃多了，一改艾森豪威尔总统和他那班富翁商业顾问当政时的"扎实稳定朝前走"的形式。但是，塞林杰毕竟在为一个总统工作，而这个总统要是看到他3岁的女儿卡罗琳上了报纸就要勃然大怒，暴跳如雷。杰奎琳·肯尼迪则更加生气，她特别反感家庭的私人空间被侵扰。不久，他就因成了"幸运的皮埃尔"而闻名了，他周旋于处理左右翼媒体关系、忙着缓解杰基（即杰奎琳的昵称）对保持家庭私人空间的愿望和白宫记者团在任何时候都知道第一夫人行踪的矛盾——只要第一夫人一走动，她就在制造新闻。作为一个公众人物，她具有迷倒一片的魅力。

就在肯尼迪宣誓就职几个星期前，塞林杰宣布了一项重大创新：总统新闻发布会可以由电视直播。

"这样会给整个国家一个直面总统现场回答记者问题的机会，"塞林杰说，"我们认为这对新闻界有好处。"他明白，肯尼迪的用意在于让公众看到具有传奇色彩的肯尼迪与尼克松之间的精彩辩论。于是他又说："我们认为这的确对各相关方都有好处。"

塞林杰开放了白宫：记者无须事先向新闻发言人明确告知就可以针对任何问题访问白宫班底的任何成员。此外，他还一改一个记者采访后全部记者

---

①1960年7月肯尼迪在洛杉矶接受民主党总统候选人提名演说中提出的政治口号，后被历史学家用来称呼其国内施政纲领。

共用同一消息的惯例，不再弄这种新闻大锅饭。

塞林杰在1974年《洛杉矶时报》的一次访谈中说："从前在史蒂夫·厄尔利（富兰克林·德拉诺·罗斯福的新闻发言人）的时代，所有记者都得到一样的消息。那样等于把记者变成机器人了，整天坐等新闻发言人喂信息。他们自己获得新闻才是更合理的。"

塞林杰在他的回忆录里说，在政府在计划猪湾事件的时候，他曾经历过被封锁消息的可怕状况。那是1961年，美国试图侵略古巴推翻菲德尔·卡斯特罗（Fidel Castro），结果以失败告终。

"我对猪湾事件毫不知情，"塞林杰后来说，"直到入侵事件3个小时之前我才知道有这么一回事。这让我跟新闻界打交道时非常困难。在一场危机中，新闻发言人必须参加内部讨论，那样他才知道能说什么，不能说什么。"

猪湾事件之后，塞林杰去找肯尼迪总统，说如果他不知道政府最机密的行动，新闻发言人的功能和作用就可能被破坏，或者说根本没有意义了。肯尼迪同意了他的观点，类似事情再也没有发生过。

实际上，在1962年古巴导弹危机期间，塞林杰参加了所有关键的筹备会议，这让他得以行之有效地从容面对媒体。他比其他任何一任政府的新闻发言人所起的作用都要大。

1963年肯尼迪遇刺后，塞林杰一度服务于总统继任者林登·约翰逊，然后，他转向了新闻广播。2004年，他在法国的家中去世，享年79岁。

如果我不称赞已故的乔·莱廷（Joe Laitin），那就是我的失职。他在1963年来到华盛顿，在肯尼迪政府任职，之后，继续在约翰逊总统手下留任白宫新闻发言人助理。

莱廷原来在合众国际社和路透社当过记者，他曾担任6任总统的高级发言人。《华盛顿邮报》在他的讣告里强调："在他不平凡的事业生涯当中，莱廷曾为当今最有权势的人当顾问，也是大大小小事件的目击者。他仿佛认识从好莱坞到华盛顿每个阶层的每个人，对他而言他们都是有价值的消息来源。他是一个奇迹般地在华盛顿官僚政治丛林法则下安然度过的幸存者。"

对我而言，他是一个非常重要的朋友，他成功地把他新闻记者的身份过渡成为政府部门中最受信任的人，因此他赢得了我的尊敬和钦佩。他有着了不起的智慧和才气。

回顾现今新闻界面对小布什为了将美国拖进伊拉克战争而编造枯燥无趣的谎言时所表现出来的那种愚蠢，想想以前在《诺瓦克新闻晚报》（现已倒闭）当记者、在肯尼迪手下当国防部助理部长的阿瑟·塞尔维斯特（Arthur Sylvester），在1962年12月7日职业新闻工作者协会纽约分会上说“我认为基于核威胁，政府有权为了保护自己而说谎”时华盛顿记者团表现出来的惊愕，相较之下，我忍不住会发笑。

我清楚地记得塞尔维斯特重申政府有说谎权利的时候引起了多大的喧哗和轰动。当然，至今，这件事还备受争议。记者们已经见怪不怪，他们听到任何有关白宫的传闻谣言都已经不会再惊愕了。

白宫多年来一直流传着这样一种陈词滥调：外交官就是被派往国外为了国家利益说谎的人。我这样说可能有些苛刻，如今的记者对谎言已经习以为常了，而且还在不断地重复。我几乎每天都问自己：为什么现在华盛顿的媒体变得这样顺从、串通一气、容易上当？这都源于“9·11”对华盛顿和纽约的恐怖袭击给记者内心带来的恐惧感，他们生怕自己被认为不合美国要求或被贴上“不爱国”的标签。

约翰逊总统是他的新闻关系的主宰，要是他想在什么时候掩盖真相，那么，他可以如愿以偿，那就是总统的特权——但是，当约翰逊想在联邦财政赤字以及没有胜算的越南战争的问题上含糊其词的时候，记者们却不容他打马虎眼。

作为一个无微不至、任何事情都喜欢亲力亲为的管理者，约翰逊几乎不能容忍任何人代表他说话，结果是他的新闻发言人一个接一个被迫离开。塞林杰离开之后，约翰逊选择了乔治·里迪（George Reedy）当他的新闻发言人。对于里迪而言，这相当于火的洗礼或考验，因为他是在为约翰逊服务——这个人比他的生命还要紧。

里迪知道记者的需求，尽一切努力把约翰逊超级秘密的旅行计划传递给记者。当看出约翰逊在周末有去得克萨斯州大牧场的端倪的时候，里迪会告诉记者：“精明的家伙该打点行装了。”我有一个准备好的可随时拎起就走的行李包，因为我必须跟得上那个喜欢即兴行动的总统。

作为记者，要侍候好约翰逊简直就跟进了三圈的马戏场似的。他要求媒体在任何事情上都站在他一边，可是他又唯恐记者的才能会损害他的形象。他偏执妄想到如此地步，以至于作为一个总统，他竟然把最简单的行程安排都藏藏掖掖的。然而，当需要有人陪的时候，他也会经常邀请记者一起坐上他的车。我就曾经有过这样的经历，跟他一起外出吃饭。他时不时邀请媒体的人上楼去总统家起居专用的餐厅一起进午餐。我认识的其他总统，包括罗斯福在内，不会在禁止入内的私人家居的地方（即白宫西翼总统的住所）殷勤地接待客人。

里迪清楚，约翰逊对媒体有一种爱恨交加的情感。他告诉里迪在每天报纸的头版上要有他的报道——当然，是正面的。在他手边，有一大堆电话号码。有一次，他亲自打电话给合众国际社的夜班记者，特别提示他当时支持的一个会议是“收费”而不是“免费”的。约翰逊很客气，但是他要求立即改正，这让记者大吃一惊，马上同意了他——美国总统——的要求。

通常，里迪在办公室开新闻简报会的时候，只有总统的电话能打进来。约翰逊会在电话里纠正里迪要告诉记者的内容。里迪手执烟斗，脸色变得灰白。约翰逊的声调很官方，这让我们怀疑是不是新闻简报室里面有“老大哥”安插的什么人。

后来，里迪写了一本关于一个有独裁野心的总统的小说，书名是《总统的黄昏》。此后，约翰逊再也没有跟他说过一句话。

比尔·莫耶斯接替了里迪的工作，他从十多岁开始就在家乡得克萨斯州的马歇尔当记者，后来他成了一个浸礼会牧师。莫耶斯口齿伶俐，有很强的表达能力，他很理解约翰逊总统的不安全感和内心的不稳定。但是，随着时间的推移，他开始反对越南战争，这招致约翰逊极大的反感，每当莫耶斯走进内阁会议室，约翰逊就说“停炸先生来了”。

离开白宫之后，莫耶斯到纽约长岛做《新闻日报》的发行人，开始了他漫长而成就斐然的事业生涯。他是我们那个时代最出色的新闻工作者之一。

久以来在媒体同仁中的信誉被玷污了。

后来，福特的高级助理说，不应该让特霍斯特知道太多，因为他们知道他诚实，况且他在白宫记者团的朋友太多了。他为了坚持原则而辞职了，尽管他还要养活一大家子，尽管他自己前途未卜。虽然在位时间很短，但是他堪称新闻发言人的典范。他知道记者需要的是什么，而且不惮于告诉他们，没有什么比这更让记者快慰的了。正因此，我的书中凡是涉及优秀的新闻发言人，他总是显得那么耀眼和熠熠生辉。他在1974年告诉记者，福特要参加1976年的总统竞选。换了别人，通常会避而不谈而等福特自己宣布将参选。

特霍斯特之后是罗恩·内森（Ron Nessen），他是前合众国际社记者和全国广播公司电视台记者。走马上任的第一天，他就向记者宣布："我决不会对你们说谎。"

我不知道他是否能够坚守自己的诺言，但是我的确知道他在任期间遇到了麻烦。他没有伺候好福特，因为他经常让记者写福特的倒霉事。他跟记者的关系也太稳定持久了以至他们走得很近很近。

内森是好意，可是他发现他跟福特的高级助理们处不来，包括企图改写白宫历史的国务卿亨利·基辛格。内森不得不揭穿基辛格的牛皮——福特在任期间白宫95%的外交政策都是他制定的。

朱迪·鲍威尔（Jody Powell）说话有着南方人特有的拉长语调和傲慢，他在吉米·卡特竞选的过程中交了很多朋友，等到吉米·卡特入主白宫的时候，他自然而然被提升为新闻发言人。

鲍威尔精明、机智、出口成章，尽管某些高级顾问力劝卡特换掉他，他仍然没有在卡特在位的4年间从新闻发言人的位置上被淘汰出局。鲍威尔跟卡特走得非常近，简直跟他的高级助理一样，他们关系非常铁，卡特倒霉的时候，鲍威尔也倒霉，他们简直可谓荣辱与共。

不过，鲍威尔喜欢开他老板对钱看得很紧的玩笑。鲍威尔作为佐治亚州"黑手党"的一员以及一个圈外人在华盛顿滚打，所以很不被华盛顿真正接受。

在自己力所能及的范围内，卡特给了新闻界一个宽松的空间。他不会跟记者勾肩搭背开玩笑，但是可以感受到他深切的真诚和勇气。卡特是来自佐治亚州普莱恩斯（Plains）的文雅和博学之人，他会在新闻发布会上把他知道的事实和数字和盘托出。他说每一句话都有头有尾，有中间过渡。卡特不喜欢捉弄人，他有一种幽默感，但是他把它隐藏起来。可是，他的家人跟他很不一样，有时他们做一些让卡特非常尴尬的事（他哥哥酗酒，不时出丑）。

白宫岁月结束以后，鲍威尔成了一个华盛顿政治“知情人”，当然也成了一个开着公共关系事务所的有钱人。他没有回佐治亚州维也纳的老家。总统们离任之后都回老家，因为华盛顿没有他们的立足之地了，但是他们带出来的人因为尝到了甜头，很少肯离开华盛顿。

里根总统入主白宫的时候，带来了一个团队，其中大部分人是从他竞选的时候就开始跟着他一直从加州长途跋涉到白宫的。因为与媒体有着密切的关系，里根的团队仿佛多了一层保护。

他的黄金时间新闻发布会是排演的，虽然有时不能很顺畅地回答问题，他依然不失总统的形象和控制力。他会为了新闻发布会而苦练，周末去位于马里兰州凯托克廷山（Catoctin Mountains）的总统度假地戴维营的时候，也带上电话簿大小的新闻简报手册，然后会见媒体。毫无疑问，他是“用脚本的”，然而他的广播体育记者生涯和在好莱坞面对摄影机的那段岁月让他在台上泰然自若。

里根到白宫一楼新闻发布室的时候，我实在不知道究竟是谁把我或者是口无遮拦、血气方刚的萨姆·唐纳森（Sam Donaldson）说成是行业中的头牌了。他在幕僚的帮助下，推测记者可能提出什么问题，练习该如何接招。当得知里根总统问周边的人我在想什么、会提出什么问题的时候，我当然很高兴——颇有点受宠若惊的感觉。

里根选择了詹姆斯·布雷迪（James Brady）来当他的新闻发言人。布雷迪是在华盛顿新闻界打拼多年的老手，知道如何回避政治暗礁。有一次，在里根说树木造成污染之后，布雷迪就戏称那是“杀手树”，结果在里根阵营里造成了惊愕，却让环保主义者开心。

不过在我私下向布雷迪提问时，他偶尔会给我一个惊喜，包括有一次一条关于一项即将提出的减税建议的内部消息。我感谢他的信任。

他召开的新闻简报会是有趣的，可惜好景不长。1981年3月，小约翰·欣克利试图谋杀里根时，他也遭遇不幸，头部中弹。那时他进白宫不到3个月。他恢复得还算快，尽管他的思维依然像剃刀一样锐利，可是落下了终身瘫痪。

里根在他8年的总统任期内，一直让詹姆斯·布雷迪体面地保留着新闻发言人的头衔，尽管后来日常的实际工作落到了拉里·斯皮克斯（Larry Speakes）的头上。其实斯皮克斯对新闻发言人的头衔垂涎已久，可这个头衔却始终没有落到他头上。

斯皮克斯确实尽职尽责，可是他也尽其所能中伤戴维·格根（David Gergen）。格根负责白宫的通联，有时他本人登台向记者发布简报。而作为来自密西西比州、在国会山上训练有素的勇敢的斗士斯皮克斯总是在背后嘲笑他，管他叫“大个子”，而这向记者们传递的意思不止于他的身高。

格根最终离开了，斯皮克斯被留下来对付那些针对伊朗—尼加拉瓜反政府武装丑闻的种种问题，就如同里根和他的结肠癌较量一样。

斯皮克斯还得跟总统最亲密的人，包括形象设计师迈克尔·迪弗（Michael Deaver）和第一夫人南希·里根打交道，南希尤其害怕“癌症”这个词会影响里根的总统任期。

正因此，斯皮克斯发现应付记者团很头痛。有一次，他被气得把一大堆新闻稿摔在新闻发布室，一言不发就跑回了他的办公室。

在决定离开时，他根本就没有什么留恋。

原来帮副总统乔治·赫伯特·沃克·布什处理新闻界关系的马林·菲茨沃特补上了这个空缺。

继里根之后他又接着效力于老布什，在新闻发言人岗位上待了10年之久。

菲茨沃特很受尊敬，可是他依然不能躲开每个新闻发言人都必须面对的事情——在紧急时刻走向总统那个椭圆形的办公室。总统提示他进去，然后他擦身挤过那些简直想用斧头劈碎媒体的高级助理。

正像他在他的书《开简报会！一部回忆录》里明明白白说的那样，每天早上一上班他看到我坐在他办公室外面的时候，他就不会大喜过望。

可是另一方面，我会为他每天上午11时的简报提供一些故事线索。菲茨沃特不是一个善于钻营的家伙，他会做好他的本职工作，但不愿意把自己变成一个听命于上级的自动装置。

他在书中这样写道："在白宫的同僚们为了他们的政治信仰试图让我参与到他们对媒体的批评的时候，我觉得很为难，我认为记者有不同的个性，有他们各自的写作方式和理由。"

他继续描述白宫里的情形："每个记者都被描黑，说成是属于自由派或者保守派的帮凶。"

我们多少知道菲茨沃特是一个坦白正直的人，可是想左右他作公开声明的人通常不是。在第一次海湾战争期间，菲茨沃特总是把最新动态及时告诉我们，与此同时，他的一些同僚则设法不让记者知道真相，而他在大多数情形下胜了。

他写道："新闻工作者有别于其他人的品质就是，他们笃信新闻事业的价值。"

老布什总统在政府里待了多年，他差不多知道每个记者的名字，通常还跟记者很友好，不拘小节。其实他更喜欢摄影师，他亲昵地把他们叫做"照相狗"。

他喜欢非正式的新闻发布会，那样他可以急急走进新闻发布室，用一个小时左右回答那些没有事先准备的问题，那样他会表现比较自如。他不太喜欢黄金时间新闻发布会，因此很少举办。

他的总统任期结束之后，他那更刻薄的太太芭芭拉（Barbara）心情不爽，抱怨是媒体让他在1992年大选中输给了比尔·克林顿。

有时候，当已故的莎拉·麦克伦登（Sarah McClendon）——那时是华盛顿记者团最出名的记者之一——为了让布什听到她的问题而大叫时，布什会加以揶揄，称呼她为"飞转的车轮"。

菲茨沃特在书里意味深长地说，从记者进入白宫大门那一刻，新闻界就

“完全受控了”。他还形容媒体是“无用的附属，就像粘在你裤管上的芒刺类杂草”。

每每记者们问到伊朗—尼加拉瓜反政府武装丑闻升级的时候，菲茨沃特就赶快设法转移话题，尤其是在里根和国务卿乔治·P.舒尔茨（George P.Shultz）在台上发誓说他们绝对不会与伊朗打交道之后。

菲茨沃特还回忆起另一起在一次简报会之前的事件。当时他问负责外交事务的白宫副新闻发言人罗曼·波帕迪乌克（Roman Popadiuk）：“你们得到了外国方面的什么？”

波帕迪乌克答道：“（参议员）萨姆·纳恩（Sam Nunn）说，我们正在重新解释ABM（反弹道导弹）条约，以便我们可以进行星球大战试验。”

“真的吗？”菲茨沃特问道。

“可能吧，”波帕迪乌克答道，“不过我们要说‘不是’。”

当菲茨沃特抗议说他对外交政策一无所知，并且任何话都可能被认为是外交政策的时候，他就会问波帕迪乌克该说什么。

波帕迪乌克回答：“我会把它写出来，牢记它，按照字读，无论人家问什么，你只要反复读就行了。”

我不记得多少次目睹了这样的情形——就是朗读那些谎言、谬论，人家再问，你就再读一次。

平心而论，我认为菲茨沃特对国家、对总统、对那些时刻处在压力和危机下的记者提供的服务都是可信和到位的。

某些新闻发言人会想方设法有意让自己不知情，为的是保住自己的诚信，保证自己到时别被迫说谎——对他们而言，不知情乃上天赐福。这样他们不仅可以用来保护总统的面子，也可以保护自己。

比尔·克林顿总统的新闻发言人迈克尔·麦柯里（Micheal McCurry）就遭遇了这等事，在克林顿总统和白宫实习生莫尼卡·莱温斯基的性丑闻闹得最凶的时候，他真够受的。

麦柯里采取了不问也不说的态度。他不想知道这令人难堪恶心的真相，也没有哪个在幕后的人想告诉他。最后，在共和党鼓噪着要弹劾克林顿的时候，他得以安全脱身。

麦柯里作为美国国务院发言人以善用含糊的外交辞令而赢得高分。他很受白宫记者的欢迎，他们认定他很善于表达政府的立场，会搪塞记者和避开麻烦，可谓八面玲珑、面面俱到。可是，最后，他还是没法应付克林顿的所有个人问题。

克林顿通常对媒体还是比较友好的，可是他没什么密友。莱温斯基事件传出之后，有线互联网简直就把相机固定在白宫北草坪，称之为莱温斯基海滩。

克林顿必须经得起记者的提问，包括“你准备辞职吗？”这样的问题。克林顿在很多方面都很出色，可是在我看来他缺乏急智，尽管他很爱当总统。

当乔治·斯特凡诺普洛斯（George Stephanopoulos）在克林顿第一任期当公关主任的时候，他曾经尝试把新闻发言人的办公室与新闻界隔离开，对于一个在白宫走马上任刚刚一周的新手而言，这是一种奇怪的傲慢表现。他规定记者不能从他们的新闻室晃荡到他的办公室。他的关门政策很快招致记者的憎恨，尽管他很认真，可是人家根本不认同和接受他的规矩。

斯特凡诺普洛斯显然希望提升自己的形象，他开始举行电视新闻简报会。我狠狠地为难了他一下，坚持说既然他关闭了记者的通路就没有必要设新闻发言人了。我的牢骚和抱怨得到了大家的附和，很快就传出去了。不久，新闻发言人办公室的大门又向记者开放了。

斯特凡诺普洛斯不久就不得不把新闻发言人的职务委任给迪迪·迈尔斯（Dee Dee Myers）——他们当中一个伶牙俐齿但却经常被他们排斥在圈外的女士。她做得很棒，但不知道为什么克林顿的班子对她不待见，她那时不知道华盛顿的深浅，当然现在她知道了也明白个中原因了。她比以往任何一任新闻发言人的职位都低，办公室也小，报酬也少于他们。

这具有讽刺意味——但是在华盛顿却是一次很典型、具有象征意义的身份转换——斯特凡诺普洛斯写了一本充满痛苦的回忆录，然后卷铺盖走人，去美国广播电视公司履新当电视台脱口秀的主持人了。

迪迪·迈尔斯也因为政治需要而成了这方面的专家，她同时也成为《名

志。

连续好几个月，弗莱舍都顺着小布什总统、副总统迪克·切尼（Dick Cheney）和国家安全事务顾问康多利扎·赖斯的口吻在嚷嚷着萨达姆·侯赛因那里有“大规模杀伤性武器”，日复一日不知羞耻，故意误导的信息源源不断地传递给美国民众，终于导致了那场从他进入白宫头一天就想要的伊拉克战争。

弗莱舍在他的著作《预谋》的尾声里坦白地说：“我们在伊拉克从未发现过任何大规模杀伤性武器。虽然我们发现了有沙林毒气和其他化学物质的痕迹的旧炮弹壳，然而我们没有发现任何我们以为会有的生物、化学物质储存，但是小布什还是赢了竞选得以连任了。”

美国的两个武器检查小组先后由戴维·凯、查尔斯·杜尔弗带领，在伊拉克用了数个月时间，花费了数百万美元来回折腾，都没有发现非常规性武器。这一结果验证了由汉斯·布利克斯带领的联合国巡视员准备传达给全世界的信息，使他们期待化为乌有。

“站在白宫的讲台上，很多场合我都说我们知道萨达姆·侯赛因拥有化学武器。我还说我们知道萨达姆·侯赛因拥有生物武器。”弗莱舍在书里写道。

对这一谎言当局有一点忏悔吗？见鬼！根本没有。在谴责情报错误以及认为伊拉克拥有“世界末日武器”的其他一些世界领袖之后，弗莱舍说：“布什政府也许高看了萨达姆的本事，但是我们没有误解他的意图。”

具有测心术能力的弗莱舍说，萨达姆不过是在“等待时机”用致命武器与西方世界和以色列抗衡。讲得真好，阿里！这当然是新闻发言人在定调子，好在公众当中给这场即将开始的战争起热身和润饰作用。

弗莱舍和麦克莱伦显然没有把自己视为公仆，他们也不会立志这样做，每每在毫无争辩余地的时候，麦克莱伦还能够冷静地继续辩护下去。而我呢，则批评媒体过了太长的时间才就战争对当局发出质询，拒绝接受流于表面的任何当局立场所认为的战争有理的价值观，而就人权、国际合作包括违背《日内瓦公约》的行为，提出一个个尖锐的问题。

可接下来让媒体感到受挫的是，我在议会遇到了更大的障碍——民众选出来的议员们，对连选的兴趣远远大于聆听民众对那场狂热的无缘无故的战争的反对声。

要不是承载着如此可怕的人类的代价，这不过是一场诡辩。要用弗莱舍的解释来消除数月以来的欺骗之词无论如何都是很失面子的。

当然还有其他的新闻秘书和新闻发言人。我在这里只提几个能想起来的人，不论好坏。他们当中许多人的名字后来家喻户晓，我怀疑只有极少数人能够心安理得地隐退，不用为当时的做法而遗憾。

# 第五章 忽悠化的新闻

白宫任何一届政府都说他们从来没有试图去操纵新闻，对此，我毫不相信。形象设计师们总是想方设法尽力凸显总统最好的一面，至于媒体对他们的操作如何反应，那是另一回事。

以前，政府和新闻界就是对立的关系——将来还是一样。那并不意味着我们缺乏对公共服务人员的尊敬。因为公众只有通过对政府人员的客观监督、审视、批评，才能避免他们滥用职权。任何一个政府都想控制各个方面的信息，这是很自然的事——还希望记者都把新闻豁免权当作福音书，由此不再提出任何问题。幸运的是，事情不是朝着他们期待的方向发展。政府尽可以自己作秀，然后就由记者来发掘真相了。

记者有权利和责任质疑官员的行为动机，尤其是那些希望自己在事业上能够像总统一样名垂青史的家伙。每届政府都发现媒体把自己视为看门狗而不是哈巴狗。不幸的是，“9·11”事件及伊拉克战争之后，媒体敢于质疑的天性仿佛被驯服了，某种程度上是因为他们害怕被扣上“不爱国”的大帽子。

但是，依然有一些记者敢于挑战甚至冲破白宫那不讲人情的全日制的新闻控制——这在小布什政府期间得以严格执行。最后，有的记者学会了怎么去抵抗。公正地说，借助国家安全受威胁的环境来推出新闻控制并非布什政府的发明，但是他们却试图变本加厉，以至于损害了公众利益。

当然，各人对新闻的上下文、重点、字面意思等等方面的诠释有各自的观点。实际上，生活在各个层面的每个人，都会对新闻加以处理（因此他们对新闻会有不同的理解）。福特总统的第一任新闻发言人杰里·特霍斯特说："处理新闻信息是我们每个人的大脑每天都做的事。"如果某个利益团体的道德规范在他们向公众提供信息的时候被质疑，那么理所当然，美国总统也不能反对，如果他要接受最高监督标准的问责的话。

"新闻管制"算是一个新词，是在约翰·F.肯尼迪时代创造出来的，最近才被应用，然而用得并不是完全恰当，因为早在合众国创立之初历任美国总统就已经进行过新闻管制了。

对新闻进行严格控制的最典型的例证出现于1798年，应约翰·亚当斯（John Adams）总统要求制定的《外侨法》和《煽动法》①当中。这两个法案是在宪法《第一修正案》生效仅仅7年后由联邦党人控制的国会通过的，目的是钳制反战意见。但是在处理1964年"《纽约时报》诉沙利文案"②过程中，威廉·J.布伦南（William J. Brennan）大法官说，《煽动法》是违反宪法的，因为《第一修正案》的中心思想就是维护公众批评政府官员的权利。

1795年，乔治·华盛顿总统拒绝公开讨论约翰·杰伊（John Jay）特使与英国协商过的条约，而把它提交到美国参议院一个秘密会议里面进行讨论。最后，这个保守秘密的企图因为参议员史蒂文斯·汤姆森·梅森（Stevens Thomson Mason）送了一份副本给《费城黎明报》而破产——报社

---

①《外侨法》和《煽动法》：1798年颁布的《外侨法》是为了驱逐来自法国、爱尔兰的侨民。而《煽动法》则规定对总统、国会以言论、文字"意图中伤"或"加以轻蔑诋毁"政府的人予以严惩。

②"《纽约时报》诉沙利文案"：1960年3月，蒙哥马利市的民选市政专员沙利文，在《纽约时报》的一则政治广告中对号入座，以此控告《纽约时报》严重损害了他作为警方首脑的名誉，犯有诽谤罪，要求50万美元的名誉赔偿费。其他被批评的官员纷纷效法。根据最高法院对"《纽约时报》诉沙利文案"的判例——政府官员不但要在法庭上证明新闻媒体的报道失实，而且还要同时证明新闻媒体怀有真正的恶意，以及它的确对自己造成了具体的伤害，才能判为诽谤。这个案子确立了言论自由的边界，引入公共人物的概念，是影响美国的大案之一。

很快把它刊登出来，该参议员成为有史以来第一个官方的“泄密者”。即使是伟大的解放者林肯也曾经对新闻进行过“管理”，除了内战期间的新闻限制和审查制度，他的顾问们还用修改技术把他的照片进行修改，缩短了他的长脖子，修掉了脸上的疤痕，然后才发给全国各地的报社。20世纪三四十年代，因小儿麻痹症而备受折磨的富兰克林·D.罗斯福总统从来没有让人家拍摄过他在轮椅上或者拄着拐杖的照片。摄影师自然遵照白宫的意见行事。

所有的总统都以这样或者那样的方式来进行新闻操纵，其结果是对现代决策产生很大的影响。这是许多因素，包括日益发展的大众传播技术，总统的大帮人马，更为频繁和更具侵略性的战争，偏袒性报道、鼓吹式新闻的风行，篡改结果的民意调查率，有关国家的特别复杂的问题，庞大的联邦官僚体系，严重的党派分歧等共同作用的结果。这一切，都是值得警醒的端倪。如同前任参议员马克·哈特菲尔德（Mark Hatfield）所说的：“我们歪曲了多少真相，就等于我们放弃了多少自由。”

尽管有新闻操纵的局限，美国的公众仍然强烈需要了解没有经过任何粉饰或者剪辑的原原本本的真相。在这方面，美国国民有良好的素质，我相信只要如实给出根据实际情况直截了当作决策的前提条件，人人都有明智回答的能力。

然而，现今的总统们似乎认为，不能将真相告诉公民，让他们自己作出判断。由此，“新闻操纵”就成了一种艺术——这象征着总统高不可攀——并且导致了所有信息的发布都要通过一个被掌控的环境的后果。那些新闻发言人以为听众都是没有能力理解和把前因后果关联起来根据常理推出结论的白痴，还以为大家都一定会受制于某种既定的前提条件。政府过滤信息的结果是，记者得到信息的信道越少，政府控制信息的几率越大。

通常情况下，在每任总统走马上任之初，很少出现编造新闻的情况。这段“蜜月期”是总统、他的手下以及媒体共同合作营造出来的。主要是这个时候，还没有多少政策要制定，媒体也还不需要对这些方面进行深入的分析，媒体的报道只是有关该届政府的管理主要执行计划以及总统要跟哪些高级官员会面之类的消息。这时总统自然也就不用担心遭受媒体的批评。结果是，总统急于去制造一些新闻出来，通常情况下，总统不会反对宪法《第一修正案》，这是言论自由和舆论明达的保障。然而，等到总统及其政府要制定某种政策，他们要面对公众的分析和评判的时候，政府和媒体的和平时期就结束了。总统一方就开始想方设法管制新闻——冲突就这样开始了。

每届政府都会就当时的环境、时间等因素设法以不同的、独特方式去管制新闻，现代的政府还利用了各种技术手段。首选的也是最简单的方式是阻止记者获得信息或者进入现场。比如，在美西战争、越南战争、入侵格林纳达发生期间，媒体委派记者前往战地采访的资格被取消，用距离把媒体与眼前的危机隔开。2003年伊拉克战争期间，美国政府通过伊拉克官方施加压力，禁止卡塔尔当地的有线电视台、半岛电视台对事件进行报道。

其次，总统及其幕僚有可能不停地骚扰记者，迫使记者最终按照他们要求的方式、笔触进行事件报道，让见报的文字达到最高行政长官（即总统）能接受的标准。达到这样的目的可以通过任何手段。其一，制造几乎不可能获得信息的环境。一个极端的例子是1968年召开全国民主大会期间，芝加哥的警察对反战抗议者采取了极其野蛮的手段，因此发生了强烈的冲突。在市长理查德·戴利（Richard Daley）的授意下，警察向示威游行的人群和云集的记者投放了催泪弹。反对越战的抗议者要求把他们的愿望传递给参加总统竞选的民主党候选人休伯特·汉弗莱（Hubert Humphrey），但是最后来了12000多名警察，伊利诺伊州国民警卫队的出现更造成了流血事件，有500多人被捕，200多人受伤。

其二，白宫还有其他折腾媒体的方式，比如威胁取消媒体随同“空军一号”采访的特权；记者写了让总统不爽的文章的话，责成该出版单位的老板狠狠训斥、惩罚责任人。肯尼迪总统有一次就让白宫的总管直接跟戴维·霍尔伯斯坦的报社说他们刊登的有关越战的报道得罪了肯尼迪。新闻发言人们在对媒体的威胁恐吓方面更加下作。好在报社的老板和编辑都会礼貌谦卑地聆听，但是，过后会核查事实真相，只要记者没有失实，他们总是站在记者一边。

其三，总统手下的人经常会跟媒体说一些圆场谎，以求达到控制新闻的目的。他们的惯用手法是只透露实情的一部分，这实际上就是在说谎了，最著名的事件就是艾森豪威尔时期的U-2侦察机在苏联被击落的事件了。在该

者的提问提交到白宫。

肯尼迪会故意向某些特定的记者“泄露”秘密，他很清楚他所“栽培”的故事内容会上报纸。时不时，这样的行为几乎跟官方定期地正式对公众和白宫记者团发布声明、宣言一样普通了。肯尼迪采取一种友情客串的方式来开展“私人”聚会，由此结交一些媒体的朋友。因为这层关系，肯尼迪进行新闻操纵变得容易一些了。

然而，肯尼迪并不是任何时候都跟每一个记者有很好的关系，这反映在他控制新闻的另一种方式上。他经常设法惩罚那些他认为报道有失公允或者作出不利报道的记者。有时候他会就某个记者的提问给这个记者写条子或者打电话，更多时候则是让白宫的人站在他的立场上整他不喜欢的记者。不过相对而言，肯尼迪对媒体的嘲笑或者非难跟富兰克林·D.罗斯福相比就客气温和多了。有一次，罗斯福竟然跟一个记者说要他戴上一个标志笨蛋的纸帽去面壁思过。

肯尼迪总统也试图阻止公开发布某些信息，出于“国家安全”的考虑，包括对某些信息报道时间的把握不到位可能对一些特别细致计划的事件产生负面影响的诠释，总统提出了一项特别要求。“国家安全”可谓是他们屡试不爽、拿新闻管制的必要性来说事的挡箭牌。

最后，肯尼迪参与到所谓的公关当中了。他反复提他任上的好消息，而不提坏消息。总统经常通过着重强调白宫种种成就的方式，扭转可能马上要面对记者的麻烦问题的局面。有时候，肯尼迪政府甚至做得更过分，他们会创造出“好”消息来。

一次，肯尼迪总统发现了一封1908年老罗斯福总统写给当时的海军陆战队总司令的信。在这封信里，罗斯福说，海军陆战队的官兵们应该定期徒步操练50英里作为展示他们健康体格的活动，白宫的工作人员也应该如此。肯尼迪对此极为赞许，以至于他把这封信复制了一份给海军陆战队的最高长官，末了还在后面加上了一段提示：为什么不是你把这作为你的发现送给我看呢？你可能愿意加上你的评价，说今天的海军陆战队官兵的体格跟1908年的一样强，而且会更强。我呢，将请新闻发言人塞林杰先生提交一份关于白宫工作人员的健康报告过来。

海军陆战队的最高长官给肯尼迪的回复是，下一周雷尤恩营的一队海军陆战队员将步行50英里回来。肯尼迪把这个回复给了塞林杰，让他把这个消息传给媒体。塞林杰谈到总统的这个举动时说：“之前我一直否认肯尼迪政府有新闻控制的行为，但在这件事情上，总统无疑是问心有愧的。”

然而，白宫不一定记得在日常的操作上时时进行新闻操纵，而是更注重于处理重大外交事故。

猪湾事件发生在肯尼迪就任的早期。一群古巴流亡者经过美国CIA（中央情报局）培训之后，在美国的支持下侵略古巴，试图推翻卡斯特罗的共产主义政府。然而，这次入侵变成一场灾难，上千名流亡者被抓起来。在入侵计划早期阶段，报刊上就已经有入侵古巴的某种行动正在策划的暗示。

肯尼迪意识到走漏风声了，但是依然要求为了保证国家安全继续严格保密。前面我提到，这事就是作为新闻发言人的塞林杰也不知道，直到他接到总统的电话才如梦方醒。肯尼迪告诉他，晚上就关门待在家，如果记者就加勒比海的这次军事行动提问的话，他就说自己知道的就是从报纸上看到的那么多。

塞林杰在凌晨3:30接到了第二个电话。白宫的军事战况观察室的负责人告诉他有几个旅的流亡反叛者正在入侵古巴，但是他不要表现出任何异常，就像什么也没有发生一样。塞林杰按照往常一样的时间去白宫上班。在这两个电话之前，无论塞林杰还是其他在白宫负责新闻信息的人都根本不知道古巴的局势。

这样可以避免新闻界的质问。毕竟，如果塞林杰不知道暗箱操作的秘密，他就不用被迫在开新闻简报会时回答记者的提问，他也不愿意把自己置于向新闻界说谎的尴尬境地。

在入侵之前，对古巴进行过一次空中侦察，那时塞林杰就告诉记者，白宫得到的信息就是来自那些他们也已经看到过的电报。这当然不是真的。甚至到了入侵成为事实，肯尼迪的一个新闻发言人还拒绝向记者说实话，告诉他们说有5000多人的军队被送去参与此次行动。实际上，只有1000多人去了。显然，肯尼迪总统希望通过媒体的信息传递来让民众认同他派出更多侵略部队。然后，当这次行动失败之后，白宫告诉媒体说只派了几百人出去，他们出去不是为了入侵，而是支持运进武器反卡斯特罗的当地武装部队。

猪湾事件之后，肯尼迪与媒体的关系彻底分崩离析了。问题的争端当然就在于，信息自由和对新闻检查制度的谴责以及新闻操纵成为惯例这些事上。刚走马上任，肯尼迪就表示，他会有分寸的，在他上任后的第五天，他就在国家新闻俱乐部发表演讲。他讲到肯尼迪政府将“实行在保障国家安全前提下的信息开放政策”之时，引发了第一场围绕信息自由的争论。在几百个在场的记者眼里，最重要的是，肯尼迪给“信息开放政策”下了限制定义。甚至在猪湾事件结束之后，肯尼迪依然用国家安全作为限制词语。

在入侵事件一周之后，肯尼迪举办了一个新闻发布会，他在会上说他再也不想回答任何关于该事件的问题了，因为那不会给“国家的现实目标”带来任何益处。还有一次，肯尼迪也跟媒体发生了正面冲突。为了作解释，肯尼迪在国家新闻出版协会发表了一个讲话，强调当涉及国家安全的时候媒体与政府合作的必要性。然而，总统的讲话产生了反作用。报纸将肯尼迪的讲话解读为，他这是对媒体就此前事先报道猪湾事件的谴责，以及对未来采取新闻检查制度的暗示。

猪湾事件之后，为了让媒体听命，总统作了最后一次尝试。他邀请了7位媒体高级主管到白宫会面。这次会面，跟之前的发布会和讲话一样没有取得成功和解的结果。肯尼迪要求媒体在某些方面有所制约，而媒体要求总统结束新闻检查制度。结果，新闻操纵的论战依然没有结束。

在猪湾行动之前，肯尼迪发现《迈阿密先驱报》和《纽约时报》对此已经有所察觉，他曾经私下里要求它们拖延报道的时间。它们确实应他要求那么做了。在入侵失败之后，肯尼迪意识到自己做了一件蠢事。他说他真希望自己没有介入过报社的事情，希望事先知道他的行为可能导致如此可怕的结果。

然而，这件事给肯尼迪政府的教训显然不够深刻，他们很快就忘记了。次年，即1962年，肯尼迪总统就因为另外的事情以同样的方式干预了新闻。美国科学家发现苏联在古巴安置的防御性导弹可以击中美国数个目标城市。肯尼迪总统立即要求苏联马上从古巴撤除导弹。1962年10月22日，总统通报全国说美国舰队已经封锁了继续向古巴运送导弹的航道，肯尼迪还警告说如果安置在古巴的导弹不立即撤除的话，美国将采取激烈行动。最后，苏联同意撤除导弹，避免了一场核大战。

就像肯尼迪政府在猪湾事件期间想尽各种办法管制新闻那样，他们在古巴导弹危机期间同样对白宫记者团和美国民众实行各种信息控制。在跟苏联发生正面冲突的早期，肯尼迪总统立即结束了芝加哥的旅程，提前飞回华盛顿。塞林杰告诉媒体说总统返回白宫是因为“着凉”了。

这样说是为了掩饰总统中途改变日程安排的真实目的，媒体不久就发现，他返回白宫的真正原因是他要得到古巴继续增加武器的最新消息。肯尼迪指示白宫不要泄露任何消息。

此外，肯尼迪还限制国务院和五角大楼与任何媒体接触，并且要求白宫助理们断绝与媒体的一切联系，仅留下塞林杰一个人跟媒体打交道。接下来就是，如果白宫的职员跟媒体会面的话，事后必须递交一份有关与记者交谈内容的书面报告。

虽说“新闻管制”这个词创始于肯尼迪时代，但是后来接任的每届政府只会越来越变本加厉。到了约翰逊时代，这一现象引出了一个全方位的新词：信用差距（注：指政府言行之间的距离）。实际上，约翰逊自己都说：“信用差距”是他那届政府最大的败笔。每当被指责政府有“信用差距”的时候，约翰逊都表现出极度的理屈词穷，低声下气。他希望赶快扭转局面，大家更多地谈谈新闻的可靠性、公信力什么的，包括指出他看起来认为是有解读错误或者印刷错误等。

我不记得听到约翰逊抱怨过多少次了：“你们（指媒体）总是拿宪法《第一修正案》来说事，好像那是专门拿来对付总统的武器。”想想看——确实如此。造成如此局面的原因之一是约翰逊总是认为媒体密谋跟他唱对台戏。他一个明显的反应就是取消白宫记者团随同总统乘坐“空军一号”出行的资格。一般随行记者团由有线电视、广播和报业各派出一名记者组成，目的在于万一有重大突发事件发生，能够确保及时、专业地进行报道。

然而，约翰逊认为随行的记者就跟“间谍”一样，想着打探他的个人隐私。最开始的时候，约翰逊总统在旅程中会跟记者坐在一起，以此来套近乎兼监视他们的间谍行为。但是，他发现他的行动没有软化记者，于是就转而取消记者团随行的特权了。他声称，总统座机随行记者团这个概念是前任政府的新闻发言人皮埃尔·塞林杰提出的，现在，白宫只是考虑换一种思路来作有关总统的报道。乔治·里迪——约翰逊任上的新闻发言人——说，随机记者团已经成为“被接受认同的惯例”了，因为它始于艾森豪威尔时代的新闻发言人詹姆斯·哈格提，后来就一直沿用下来了。虽然如此，约翰逊还是坚持自己的想法，取消了记者团随机采访的资格。这手段不仅操纵了新闻，而且还削弱了新闻。

但是这没有持续多久——记者团又回到总统的飞机了，那是约翰逊怄气的方式——好在他怄气时间都不长。

除了暂时性解散白宫记者团，约翰逊总统还经常让他的新闻发言人或某个白宫工作人员把记者或者有关媒体的领导找到白宫来发飙，就他不喜欢的报道发牢骚。他声称他喜欢这样接近记者，因为“那至少让那些杂种知道我怎么看他们的”。然而，政府操纵新闻的方式让记者很抓狂，约翰逊的习惯是，压住出行的计划不通知记者，到最后一分钟才告诉他们，弄得记者们急急忙忙跟家人告别，匆忙胡乱地收拾行李，屁滚尿流地赶飞机。

另外一种让记者跳脚的方式是，选择发布信息的时机，安排在电视的黄金时段公布好消息，然后把坏消息隐藏了。有一回，政府要求把国情咨文节目从原来节目表安排播放的中午时段改到晚上9时。这样的话约翰逊就能够在黄金时段露脸了。实际上，电视传媒给了约翰逊和白宫努力调整最佳时机发布信息或者通告事件的机会和条件。

在没有办法调整时间的时候，约翰逊他们就回避记者的问题。这意味着要让白宫的某些人躲开那些好奇的、爱向政府部门提出比较难以回答的问题的记者，或就棘手的问题建议记者找其他政府部门的主管了解内情。在乔治·克里斯蒂安当新闻发言人那阵子，他公开承认他回避有关朝鲜扣押美国的“普韦布洛号”间谍船上人员的问题。“差不多有一年的时间，我都处于一种羞愧的感觉中，我一直在回避回答有关‘普韦布洛号’人员的问题，什么问题都去问国务院。”这样做是企图将所有的有关问题从白宫引开。“普韦布洛号”是美国的间谍船，在日本海上被朝鲜扣押，人质被扣留了11个月。可是，在被俘虏事件报道之后，他们好像被世人遗忘了，直到他们被放回来才想起有这回事。不过，在没有顺利解救“普韦布洛号”上的人员之前，约翰逊没有像那个傻瓜吉米·卡特那样在444天的伊朗人质危机中天天被嘲笑辱骂。

众所周知，约翰逊总统很乐意“帮助”记者写出“好报道”来，然而，通过跟某些记者特别亲近达到操纵新闻的目的往往也可能出现事与愿违的结果。比如，约翰逊总统的多年老友、专栏作家威廉·S.怀特（William S.White）就是活生生的实例。在约翰逊执政时期，他的人气直线下降，原因就是他跟总统关系太好了。还有，怀特的政治观点比约翰逊还要保守，然而，怀特再也不能写得像他以前那样“威猛”了，因为他不愿意让白宫难堪，他的文字仿佛是直接口授于总统。此外，毕竟约翰逊只跟一部分记者关系不错，这样一来，在那些没有得宠的记者群体里面自然就产生了敌人。

另一个事例也是一个麻烦。这事发生在总统的牧场里。自从1955年约翰逊犯过心脏病以后，医生建议他每天走半英里，他很勤奋地遵照医生的嘱咐锻炼。而他的表姐奥里奥尔（Oriole）家的前门正好离他的牧场半英里，因此约翰逊总统每天晚上都去拜访这个过着“前卫”生活的老太太。在某种“事实”的背景下，这个老太太几乎完全是个聋子，约翰逊差不多都要把门敲得山响，动静很大才能把老太太叫出来开门。

最后，过好长时间（我觉得她是有意拖延端架子），表姐奥里奥尔才光着脚来开门。她总是显出有点生气的样子，实际上，她很享受这样被关注的过程。接下来的20分钟，总统的随行人员就要恭听约翰逊总统问老太太有关她帮着照管的绵羊的情况，尽管她老是有意把“Sheep”（绵羊）听成“Sleep”（睡觉）。

有天晚上，约翰逊允许一些记者随他一起完成这个去拜访奥里奥尔表姐的“晚间仪式”。事后我写了一篇文章。乔治·里迪——当时的新闻发言人——说我的文章“抓住了整个过程的精华——把奥里奥尔表姐极端的独立，约翰逊总统的不拘小节而不乏温存，对一个寡居老妪的那种细致体贴的感觉表现得淋漓尽致”。里迪相信这篇文章足以帮总统“拉到上百万票”。可是总统不这样认为，他憎恨任何他认为可能破坏他的家族形象的事，因此他决定"惩罚"我。他不再邀请我参加宴会，不再请我去他的牧场，不再把他一度视为朋友的我当作朋友了。我一度完全被他打入"冷宫"。

在约翰逊执政期间，没有什么比越南战争给政府造成的"信用差距"更大的了。乔治·克里斯蒂安说："在越南战争新闻渐渐冷却下去之后，政府开始弱势一点了，有的新闻媒体好歹可以找到约翰逊的一点'是处'了。"

比如，五角大楼的档案揭示了1965年4月1日约翰逊总统把越南战争的战略由防卫转为进攻。但是，在每周例行的新闻发布会上，总统告诉记者，有关美军在越南战场上的战况，"我知道的是没有什么其他的战略变化，也没有什么新的战略攻势"。这样的伪装套路我们后来在老布什的第一次海湾战争和小布什的伊拉克战争前都见识过。

还有一个类似事件。约翰逊总统在1967年3月9日的新闻发布会上，记者问他是不是在找一个人接替西贡大使亨利·卡伯特·洛奇（Henry Cabot Lodge），他回答："没有，说我在找人接替西贡大使这不是真的。"而且说还没有定下洛奇离任的时间。结果还没过一个星期，埃尔斯沃思·邦克（Ellsworth Bunker）就接替了洛奇。当约翰逊的新闻发言人被记者追问起总统一个星期前的回答，媒体得到的答复是，那会儿约翰逊总统的答复绝对是准确无误的——新闻发言人说，总统在3月9日之前就已经定好接替洛奇的人选了，所以他当然就不需要再物色大使的人选了。

由此，"信用差距"就越拉越大，而新闻操纵一直持续下去，整个约翰逊时期都是如此——后来的政府当然也就继承下去了。甚至1967年通过的《信息自由法》（*Freedom of Information Act*，每个公民都能够根据该法案去查政府文件，不仅包括媒体）都无法真正意义上约束政府对新闻的操纵。然而，这个法案的通过为信息的自由流通迈出了至关重要的一步。如同大法官拉姆西·克拉克所说："如果政府真的是属于民众、来自民众并且为民众着想的，那么民众必须知道政府各项活动的内容细节，没有什么比暗箱操作更能削弱民主的了……在政府能够采取如此多的手段对独立的个体产生影响的当今时代，在一个大众社会里，民众知道政府行动是否安全可靠的权利，也就是知情权，显示出前所未有的重要性。"

不像前两任政府，理查德·尼克松从入主白宫伊始就开始了新闻操纵。实际上，1968年竞选总统的时候，尼克松和他的幕僚就开始操纵新闻了。尼克松早期的竞选手段之一就是委托某个电视台在他们掌控下的环境里拍摄某些安排策划好的专题节目播放，不让其他记者插播任何其他竞选者的录像带。这样的行为致使其他记者报道竞选真实情况的机会被排除，这样使得尼克松得以在电视台的包庇下胜出，尼克松相信公众会对电视镜头里的尼克松产生信任感，而不是对报纸媒体呈现的“二手形象”产生信任感。

在1968年整个竞选期间，副总统赫伯特·汉弗莱都徒劳地努力让自己从约翰逊总统那失败的越南政策下解脱出来，尼克松说他有个“秘密”计划结束越南战争。记者从来没有机会追问那是个什么计划。直到他进了白宫我们才知道那是战争越南化——让越南人自己互相残杀。

尼克松在竞选期间操纵新闻的其中一个事例是：《华盛顿邮报》的戴维·布罗德在一篇文章里预言斯皮罗·阿格纽（Spiro Agnew）可能被选为搭档的副总统候选人一起参选。其他媒体揣测戴维·布罗德如何有某种神奇的预知能力，后来得知，这个报道的直接源头就是尼克松。这是一个测试媒体和公众反应的“试探性气球”。

到了入主白宫的时候，尼克松对付新闻媒体已经很有经验了。1969年，他指派斯皮罗·阿格纽副总统去主持一个反媒体的集会，这个集会主要是为了攻击记者的个人倾向和对事件的实时分析。尼克松对新闻操纵的力度随着时间的推移而与日俱增。1972年总统大选接近的时候，尼克松的班底变得越来越厚颜无耻。比如，有一次白宫方面就曾阻止电视台转播反对越战的示威游行，而在同一个地方，尼克松命令电视台转播一帮学龄孩子叫喊“再连任四年”的镜头。

在尼克松主政期间，新闻操纵因为新兴科学技术而达到了新的高度，他们可以利用任何一种卑鄙恶毒的技术手段来实现新闻操纵。譬如：尼克松总统就通过电话对记者进行窃听，副总统则对全国民众大讲记者对国家“不忠诚”；司法部门试图给记者发传票；白宫助理则表现出受命于尼克松总统的姿态，警告媒体，如果它们不让更多的保守党人在电视上抛头露面的话，它们也许就违反了反托拉斯法。

白宫对新闻的操纵如此公开以致亨利·基辛格只能在新闻发布会的“背景”下说话，直到尼克松第一任期满之前，他从来没有被允许在电视节目里出镜。很明显，尼克松的公关人员担心基辛格的外国口音不能被美国中西部各州接受，当基辛格最终得到首肯能够发表“录音讲话”的时候，却不允许进行录音——只能录像。因为，基辛格博学多才的气质和张扬的个性很可能使尼克松处于下风。

在许多方面，甚至前任政府采用的新闻操纵的技术手段也被尼克松政府继承下来了。举例说明：丹·斯科为哥伦比亚广播公司制作了一段含有批评尼克松政府内容的节目，结果，白宫伪称他是一个政府职位的候选人而派联邦调查局去调查他。这对于斯科无疑是一种恐吓，也警告他总统不希望电台节目再有任何批评的声音了。

一个叫做朱尔斯·维特卡佛（Jules Witcover）的人写了一本有关尼克松1968年竞选的名为《尼克松复活》的书，这本书没有对总统进行谄媚、恭维而是写了很真实的内容，某种恫吓就降临到作者头上了。结果，白宫给维特卡佛的很多熟人打电话，叫他们不要再跟维特卡佛说话了，然后，维特卡佛去脱口秀节目为他的书辩护的时候，白宫下令美国国税局去查该作者。

此外，尼克松的新闻发言人罗纳德·齐格勒的惯用伎俩是“时间压缩游戏”，利用媒体发布新闻的时间规律来达到操纵信息的目的。最典型的场景是：齐格勒宣布在中午11时发布简要新闻，但是他总是到11时30分或者更晚一点才出现，那就意味着新闻发布只有15分钟。因为对于记者而言，中午12时是发新闻的截稿时间，何况，记者还需要时间来把信息变成报道。通过推迟和压缩发布简要新闻时间的方式，齐格勒确保记者没有时间在任何一个话题——比如水门事件——上盘桓纠缠太长时间。

最出名的新闻操纵事例就是越南战争，这恐怕是五角大楼档案处理的范本，第二就是著名的水门事件丑闻。尼克松在他的《领袖们》一书中写道：“除非人的天性发生变化，人们才会有意泄密去实现自己的目标，在很多情况下，那些目标呈现为个体对自身利益的促进或者说自我发展提高。然而有的时候，人们更关注那些他们认为错误的政策可能带来的危险。”

尼克松的言论没有明确地指明五角大楼档案的参考文献，这个前任总统还在折腾他那些有关越南战争的泄密的大体想法。尼克松反复重申他的不同观点，他认为那些泄密“对谈判造成了极大的危害，不但没有缩短，反而延长了战争”。然而，小阿瑟·施莱辛格（Arthur Schlesinger）写道：“最近一段时期公众防止美国经历的不幸比蒙受的失败要清楚明白得多。这么多年来美国一直沉迷于保密，有谁能够举例说明哪件事情的曝光真正危害了国家安全吗？很明显，透明度越高，国家的状况越好。”

当然了，国家安全并不是尼克松政府要求操纵新闻的“权利”的唯一借口。最突出的例子莫过于水门事件发生以后尼克松要求“行使特权”进行新闻操纵。从记者开始关注总统涉入的时候，白宫就表现出不爽。

比如，《华盛顿邮报》着手调查水门事件的时候，人们都对1972年大选给《华盛顿邮报》在佛罗里达的两家电视台营业执照的更新造成的压力予以热切的关注。这一回，给《华盛顿邮报》带来的是，一夜之间，股票价格狂跌了25%。

关于电视台的烦恼仅仅是一个开端。没有必要再去描述那些充斥着谎言、欺诈和阴谋诡计的细节了，因为经历过那段日子的人，相信整个事件一定会在他们记忆里打下很深的烙印。关于这点，说起来非常有趣，水门事件的揭露某种意义上而言恰巧是源于新闻操纵。一旦东窗事发，则势不可当，总统班底——甚至总统本人——都彻底败北了。

也许水门事件是新闻记者痛恨新闻操纵的最好明证。当新闻操纵的法则被接受的时候，我们即离开了新闻操纵界限，而仅仅由总统一个人操纵了所有新闻来源及方向。这样的特权不能只握在一个人的手里——这将给他专制独裁的权力，总统可能控制政府的新闻。

在水门事件闹得最沸沸扬扬的那五个月，尼克松没有召开过一次发布会。此外，总统的新闻发言人罗纳德·齐格勒几乎有一年时间没有接触媒体，他的工作已经被手下的新闻发言人副手格纳德·沃伦接过去了。甚至，在这段时间里，他已经不能跟总统碰面了。《底特律新闻报》当时驻白宫的记者杰里·特霍斯特说：“在那些日子，罗纳德·齐格勒有好些日子见不到理查德·尼克松。”特霍斯特在他的一篇报道里写道，有一次，齐格勒跟总统的某个心腹知己抱怨说他一直没有见到总统，于是，总统的新闻发言人被拽着胳膊拉到总统的椭圆形办公室门口让他往里看："这下你见到总统了吧？"

还有就是进行绝对的信息封锁。总统想阻止原告拿到水门事件的录音磁带（水门事件中，一位官员被起诉窃听，他说是总统命令他这么做的。人们说开什么玩笑，怎么可能呢？这位官员说白宫有当时谈话的录音带，你们可以去听。法院就让总统把录音带交出来，总统说，对不起，我不能交。最后案子上诉到最高法院，尼克松总统就说，最高法院的大法官都是我任命的，都是我的朋友，我怎么能输官司呢？最后最高法院法官一致作出决定——让总统交出录音带），或许这是他要求特权的一个最好的例证。写到水门录音带事件最高法院以8：0的绝对多数表决，大法官沃伦·伯格（Warren Burger）说："以前没有哪个案子要为了满足总统对机密的要求而屈从。在之前提到的宪法里，也没有明确的、可参照的保护机密特权的条款。"

因此，很清楚，尼克松政府对有关水门事件的新闻操纵的力度远远超过了此前的新闻操纵。不用脑子都想得到，水门事件不是什么简单的新闻机构试图对新闻进行操纵。当然，给美国总统定罪乃至他辞职都说明水门事件不同于其他事件，把尼克松与其他总统进行比较确实给他造成了不小的伤害。是他滥用政府的权力最后导致自己下台。白宫的民意支持率落到了我跟历届总统打交道以来的最低点。白宫甚至不再进行新闻操纵了，简直完全处于停顿瘫痪状态了。我们不知道对那些被人们群起而攻之的人还应该相信他们什么。约30个白宫助理因此被起诉或者受到牵连进了监狱。

事实上，在白宫最后的日子里，尼克松的情绪低落到了极点，以至于有一天他把所有的新闻媒体和警卫人员一起锁进了新闻发布室。他认为这是唯一也是最后一个能够让他甩开媒体自由自在地在白宫里走一圈的办法了——这是他最后一次进行新闻操纵。

杰拉尔德·福特接任之后，白宫和媒体的关系因水门事件恶化的程度还是非常明显。就任后第一次公开露面的时候，福特就宣布他决定对美国民众坚持"公开和公正"的政策。随后，总统就告诉他的内阁成员要对公众和媒体保持开放。

尽管福特总统一开始就表了态，而且白宫也本能地远离尼克松时代的黑暗日子，可没多久，福特时代的新闻操纵也开始了。或许，最明显的例子就是他任命了第一个新闻发言人杰里·特霍斯特后不久，告诉他说绝对不会考虑赦免尼克松。然而，1974年9月8日，在仅仅上任了一个月后，他就为尼克松签署了“彻底的特赦令”，杰里·特霍斯特为此辞职了，他因自己的诚实正直成了记者眼中的英雄。

在公众眼里，吉米·卡特是一个以“毫无胜算可能的局外人”的架势进军华盛顿的，因此，他进入白宫的时候也像个局外人。这种心理多少让他对常设的白宫记者团带着厌恶憎恨的情绪，因为，记者团经常把白宫和媒体的关系弄僵。卡特的新闻发言人朱迪·鲍威尔写道：“我们一直不知道华盛顿的规矩，直到碰了一鼻子灰才意识到我们明白得太晚了。我们错失了一个更好地了解华盛顿的机会。”他接着写道，“我们没能单独跟记者建立起私交，他们很可能会以专业的方式给我们提供帮助。”因此，在开始的阶段，卡特和他的班底在白宫实行“开放政策”，没怎么编造新闻。

虽然开始的阶段拼命压抑公开操纵新闻的欲望，但最终卡特政府也跟其他美国总统一样未能免俗地采取了新闻操纵的策略。正当他们自以为能够操纵新闻的时候，白宫就遭遇了通货膨胀、能源危机以及随之而来的伊朗人质危机等等事件。卡特政府的一切由此急转直下。

伊朗国王巴列维被伊斯兰革命推翻意味着美国与伊朗的良好关系从此恶化。1979年11月4日，作为对美国接受前国王巴列维去美国治疗癌症的高调报复，伊朗武装力量封锁了美国在德黑兰的大使馆，扣押了大约70名人质。这些人质被扣押了整整444天。

因为卡特想安全地解救这些人质，1980年4月24日，他派出了一个直升机营救使团。在这个使团无功而返之前两天，新闻发言人朱迪·鲍威尔还告诉《洛杉矶时报》说派出这样的使团是不合逻辑的——显然在暗示不会对人质作任何营救的努力——这就是卡特政府的所谓开放政策之下的行为。

但是电视评论员和主持人每天都无情地提醒着人质已经被扣押了多少多少天，火上浇油地暗示卡特是一个多么软弱无能的总统。实际上，是他把人质安然解救回来了，可是里根却不劳而获地得到好评，因为伊朗等到里根宣誓就职以后才释放了人质。

罗纳德·里根的代理新闻发言人拉里·斯皮克斯白宫的办公桌上有一条“座右铭”：“你不告诉我们怎么出台新闻，我们就不告诉你怎么去报道新闻。”里根是新闻控制的高手，这句话就非常能说明问题。白宫对电视节目画面特别在乎。每天白宫在公布消息的同时都会发送一些跟新闻有关的图像。1984年，信息通讯部主任戴维·格根在他在宾夕法尼亚大道1600号[①]任职的最后一天这样说：“白宫就像一个大舞台。”这个舞台的作品由政府来制作、导演以及扮演。但是，形象制造大师是白宫的副总管迈克·迪佛（Mike Deaver）——里根政府的公共关系策划人。

里根不仅在意他在电视上出现的镜头，而且更在意哪些节目他没有露脸。1983年10月，岛国格林纳达发生了流血政变。政府被不妥协的马克思主义者推翻——美国政府曾经认为他们将威胁社会稳定。那年的10月25日，大约有7000名美军入侵了格林纳达。在此前一天，拉里·斯皮克斯仍说入侵的想法是“荒谬的”。接着白宫就对媒体采访进行封锁，代之以给电视台提供他们的录像带。没有一盘录像带的画面里有武装冲突的镜头。

“海军一号”在白宫的南草坪机场降落的时候，罗纳德·里根会用手捂着耳朵，说直升机的声音太吵了听不清我们的问题。而且，在1982年初，白宫就出台了拍照的时候不许提问的规定。媒体的记者会被有序地一一安排进入那个椭圆形办公室，看总统会见某国首脑或者贵宾。摄影师则抓紧时机猛拍照片，我们则被随便打发了——没有任何信息沟通交流的机会。显然，这是为了确保里根与宾客的会面交谈不会有外来的干预，免得被牵着鼻子走，也避免电视镜头的拍摄被打断。但时不时，记者也有可能诱导里根回答我们即席提出的问题。他的高级助理就会对这不在日程计划内的“记者招待会”发飙。

不同于吉米·卡特，或者跟罗纳德·里根有某种程度异曲同工的相似之

①白宫的门牌号。

处，乔治·赫伯特·沃克·布什则是以圈内精英的身份入主白宫的。因此，他喜欢长驻白宫的记者，将他们视为政治阶层专有特权的一部分。他经常会一时冲动地在白宫的简报室举行临时记者招待会，抚慰一下那些报道他的媒体记者。他还不时在结束一天工作的时候，来找记者和摄影师多嘴多舌地胡聊一气，以培养白宫和媒体之间的感情。

然而，跟他的前任们一样，乔治·布什最终也会转而向他的顾问们寻求帮助——这时，新闻操纵就开始了。海湾战争就是一个案例。1990年8月，伊拉克和科威特因为边界和油田利益（油田的大部分地区在科威特国界内）产生分歧。谈判破裂后，伊拉克入侵了科威特。由美国带领的34个国家组成的多国部队在联合国的授权下强迫伊拉克从科威特撤军。很多人对于美国能够在解救科威特方面可能参与到什么程度产生了不同意见。

报道海湾战争的记者很快就受到了国防部的限制，记者团的行动必须在国防部官员的陪伴下进行，报道范围也受到了严格的限制。媒体的记者要去哪里、采访谁都要经过批准。很多时候，纸质媒体（如报刊等）在付印之前，要过五角大楼的关。而电视台则不许播放任何有海湾战争画面的内容。取而代之的是，布什政府提供的允许在电视台播放的录像带，以此来控制美国的公共视听。涉及具体战争伤亡人数的问题则一直被回避。但是，到战争的尾声，当战败的伊拉克人举着双手从战壕里出来就被射杀的时候，这些控制就失效了。伊拉克和科威特边境变成了“死亡高速公路”的时候，布什和白宫政府知道他们的所作所为已经没法给全世界交代了。

布什和媒体之间原本良好的关系无疑因政府对新闻的操纵控制恶化了。甚至布什都意识到自己和媒体之间有了矛盾。1992年总统大选期间，他告诉人们他最喜欢的是那张到处张贴的不干胶竞选广告，上面写着：讨厌媒体——重选布什。

比尔·克林顿是以高票当选进入白宫的，但一样无法阻止白宫控制信息的念头。他们最善于与白宫记者团周旋。克林顿跟当地的许多媒体多次开会，急于把自己的观念“贩卖”到他特定的“目标市场”去。与此同时，他也意识到直接跟美国公众对话的价值和意义，所以把脱口秀当作巡回论坛。

然而，即便是那时候，白宫也以设定某些脱口秀主持人必须走什么程序、遵从什么规矩等方式来操纵新闻，他们以“否则，总统就不上节目”相威胁。

克林顿时代最著名的媒体操纵事件莫过于总统和白宫实习生莫尼卡·莱温斯基的关系那事了。报纸的头条抓住了所有人的眼球，上面赫然写着“总统和莱温斯基在白宫发生性关系”，这一下，立即把政府推进了全面危机。总统和他的律师们深谋远虑地发誓否认存在任何“不正当关系”——克林顿的新闻发言人迈克·麦柯里向媒体宣读了他的声明。

白宫立即采取惯用伎俩控制局势。先派不同的人去电台、电视台做脱口秀节目，第一夫人希拉里说那是“右翼的大阴谋”，其他人则责备媒体用哗众取宠的方式来说谎。最后，克林顿只好自己面对现实。他在白宫的一次活动中告诉媒体：“我没有跟那个女人——莱温斯基小姐——发生性关系。”但是，怎么样的解释都无法阻止媒体的继续追杀——对公众说谎最后使总统的政绩在民众心中大为失色。

我已经交代了前面各届政府进行信息控制的背景，包括乔治·布什政府如何一脉相承。白宫吸取了前面的教训——但是对新闻操纵的内在危险始终不长记性。事实上，即使是美国的民众也知道布什的白宫对秘密和控制权的迷恋程度。在2005年5月26日的美国有线电视新闻网民意调查网，民意测验者提问：“你认为布什白宫政府是不是在控制媒体？”结果，绝大多数受测试的人——94%的人——回答说“是”。

最近，我用布什白宫政府近期内操纵新闻的确凿事实，在赫斯特报系的一个专栏里写了一篇概述性的文章：

> 乔治·布什总统已经学会了利用总统的特权来建立话语权。但是本届总统尝试着用扩大“操纵新闻”这个词语的外延含义拓展这种力量。
>
> 让我们从他试图在全国推动社会保险制度的改革说起。当他在全国巡回演讲的时候，他向大众说明目前社会保险制度存在危机。总统对前来听讲的听众事先进行筛选过滤。为什么他只对那些他挑选过的听众说明？

这些都是经过审查，并且确认会认同总统观点的人。如果他们通过了测试，当地共和党或者赞助机构就会发所谓“市镇集会”[①]或“与总统见面会”的票给他们。

若问总统为什么只对他的支持者发表讲话，白宫新闻发言人斯科特·麦克莱伦说，布什的目的在于“教育”人民。在这里，“教育”的意思大概等同于“灌输”。

总统是所有人的总统，抑或仅是那些个赞同他观点的人的总统呢？真是太离奇了。他不过是在对他的信徒布道，而不是教育公众。

2004年总统大选期间，布什控制听众的主要目标是把反战抗议者阻拦在他出现的公众场合之外。那些公开不赞同他意见的人被轰出了场外。我们目睹过布什在谈社会保险制度的时候控制和挑选听众的场面。总统卫队和白宫助理们显然花了不少工夫精选允许去听他演讲的人选。布什发现很难跟持异议者或者持反对意见的人打交道。他的助理们也紧随其后，不让他听到反对意见。

布什似乎对他能够以社会保险制度危机的借口让民众担忧而感到满意。那就是他那个“天要塌下来了”的说法的目的。但总统还没准备好如何就他把政府工作人员养老金部分地进行私有化的计划对外进行诚恳的对话，或者说他还没有准备好跟他的反对者们就这个话题打交道。别人一旦对他有反对意见，他就会怒发冲冠。所以，他周边全都是只会说“是”的唯唯诺诺的男男女女。

每届政府都试图对媒体向公众传递有关总统的政策、问题以及政绩等方面的信息进行控制。但是布什白宫政府创造了一种新的方法来进行信息控制，那就是直接用政府宣传取代公共信息传播。

毋庸置疑，布什白宫政府对于操纵有关伊拉克的全部新闻简直就是驾轻就熟。从安排记者随军报道，到五角大楼作了要求新闻机构在新闻发布会上“不得曝光、出版任何可以认出战俘的图像或声音”的备忘录，政府全然剥夺了媒体和民众知情而后作出判断的权利。

---

①“市镇集会”是英国民主制度的传统，在早期新英格兰移民中得到发扬。在这样的集会上，民选政治领袖要直接回答选民的问题。

政府所提供的有关这场战争的信息大多数时候带有误导性质甚至故意带有欺骗性。当布什谋划要打伊拉克战争的时候，记者每天都听说萨达姆·侯赛因有大规模杀伤性武器威胁着我们的安全。这不是真的。他还说伊拉克是对恐怖主义宣战的核心地带。事实并非如此，但布什却实现了攻击这个有丰富石油资源的国家的计划。

小布什在2005年6月28日的黄金时间就伊拉克战争对美国公众发表了电视讲话，试图再次操纵有关战争的新闻。在北卡罗来纳州的布拉格港口，小布什对700多名美国士兵发表讲话，在讲到要坚持“继续打下去”的时候，下面并没有多少反应。所以，布什的手下就带头对着电视镜头欢呼鼓掌。

任何一个总统和任意一家自由媒体之间的关系都可以说是复杂和困难的，这只说出了表面现象。今天，在每条新闻只播30秒、麦迪逊大街[①]政治广告满天飞、报纸读者人数剧减的时代，自由媒体的责任感和义务职责就变得尤为重要了。

无论哪行哪业，人们觉得管理信息流通是很正常的事。但是在这个政府渗透力无处不在、我们日常生活方方面面都受它左右的时代，公众要求把政府控制人们知情权的力量最小化应该是合情合理合法的。政府的职责是满足民众的需求，而不是为民众决定他们的需求是什么。

①纽约广告业集中的地方。

# 第六章 向勇敢的揭秘者及保护他们的记者致敬

权势总是设法操纵新闻，但不会时时得逞。因为依然有很多无名英雄真切地关心着这个国家，他们了解公众对真相的需求，所以他们勇于披露各种不道德行径。能够把消息来源变成新闻报道故事固然很好，但多数揭秘者是匿名的。只要有心怀不满的员工、基于个人恩怨或其他莫测的动机，就可能有匿名者向媒体揭秘。

总统们千方百计想阻止泄密事件发生——除非他们本人就是泄密者。“大人物”们对此深恶痛绝，不过通常公众了解的“真相”往往是以匿名揭秘的形式透露出来的——这么做个人风险很大，但可以利用媒体揭发不道德行径，或更轻易地推广新观念、新计划。

不让人发现或许有自我保护的成分，可历史总是充满了玄机，恶行不会永远尘封，如果没有匿名的信息来源，那么真相便难以大白于天下。最经典的案例当然就是水门丑闻了。

在警察的报告里，暴露“线人”身份就相当于“毁掉了消息来源”，但是这样的事情极少发生。

由于《纽约时报》记者杰森·布莱尔和《今日美国报》的杰克·凯利的卑鄙行为，报社等出版机构花大力气提升新闻道德水平。一些无良记者以伪造、剽窃信息来制造线报，谎称是匿名者提供的，所以现在报社对匿名提供的信息越来越审慎。

2005年，《纽约时报》的记者朱迪思·米勒（Judith Miller）在有关CIA前任地下特工瓦莱丽·普拉姆（Valerie Plame）的案件中，为了保护自己的线人而拒绝向联邦法庭和大陪审团提供线人的名字，并因此被关押监禁，这使得线人的机密性和合法性受到了损害。泄露未公开的CIA地下特工身份，违反了1982年制定的《情报人员身份保护法案》。美国联邦地区法院法官托马斯·霍根宣布法庭的裁决时认为，尽管米勒女士没有把普拉姆事件在报纸上披露出来，但是记者不能因为有宪法《第一修正案》的保护就完全享有泄露情报人员身份罪名的豁免权。霍根的裁决表明他认为记者不应该享有联邦的特权，这似乎预示着保守派法庭数量可能不断增长。美国31个州和哥伦比亚特区都有新闻记者保护法，作为《第一修正案》的附加法案。

《时代》周刊的记者马修·库珀（Matthew Cooper）发给上司的电子邮件被联邦检察官查抄——这份邮件显示白宫副总管卡尔·罗夫（Carl Rove）可能是该案件中的“泄密者”。库珀证实，在大法官调查普拉姆身份泄露案之前，罗夫的确与此事有一定的瓜葛。库珀还把罗夫的证词放上了《时代》周刊。

我们不妨举例说明现在的报刊如何严格把握信息来源的可靠性吧！2005年7月15日，《洛杉矶时报》对其记者和编辑指出，匿名信息依然可以用，但是只能在别无他法的情况下，作为最后的一招来用，也就是说不到万不得已尽量不用。

如今已经退休的编辑约翰·S.卡罗尔（John S. Carrol）曾定过一个规矩，让记者们尽可能确认信息来源、提高报道的准确度和精确度，避免偏差。比如“信息来自‘某位民主党众议院外交事务委员会顾问’”就比“议会消息”可取得多。换言之，可以把知情人的身份具体到顾问、民主党员或外交事务委员会工作人员，这样读者就不用绞尽脑汁、胡猜一气了。

比起其他媒体最近制定的规矩，《洛杉矶时报》显得宽松一些，没有那么多清规戒律，但是他们提醒记者和编辑注意，在使用可能识别匿名信息来源的电脑时，必须小心保护信息的来源和获取渠道。

要是没有匿名者提供信息，报道白宫、五角大楼和联邦其他机构的华盛顿记者们恐怕难有作为。在信息来源可以公之于众并经得起追究的情况下，新闻报道才会给人以更深刻、更有影响力、更准确可信的感觉。

2005年7月，参议院司法委员会就避免记者泄露机密的联邦法案举行了听证会，支持记者真实报道的一方对此提出强烈反对，认为此举侵犯了公众的知情权。但是正反两方的参议员都认为该法案措辞太笼统了。

2005年6月，美联社及其报刊主编协会向美国各家报纸发送了调查问卷，了解他们会否采用匿名信息。调查单位得到了419家报纸的回复，占参加调查的1450家报纸的28%。

美联社指出，有103家中小型报纸的主编自称从不允许记者采用匿名人士提供的信息进行报道。

“我们的原则是如实记录有关的人和事。”密歇根州的《杰克森公民爱国报》（*Jackson Citizen Patriot*）主编艾琳·勒耐特（Eileen Lehnert）说，“一旦你从某种立场出发行事，就很难顾及记者的身份了。”当然，她说的是一种理想状态，但是依然有人在这样严格的标准下写出了轰动一时的报道。

在海外或华盛顿设有分支机构的各大报纸在必要的时候都曾采用过匿名信息，但他们现在也尽量不用来源不明的信息了。

《费城问询报》（*Philadephia Inquirer*）副主编卡尔·拉文（Carl Lavin）说，他们报社不鼓励使用匿名信息，但是“当某些重大消息必须向读者披露，而读者又无法从其他渠道得到这些消息时，就需要权衡一番”。

有的编辑认为限制使用匿名信息这一规定实在是太绝了——那样的话，20世纪70年代揭露水门丑闻的“深喉”就会被拒之门外了。有的则说，当信息太诱人的时候，他们也可能采用匿名人士提供的信息。

美联社称，他们允许记者采用对新闻报道而言非常关键或极为重要的匿名信息，而不是“匿名观点”，但是这么做必须以信息准确可靠为前提。

很多编辑告诉美联社，他们不仅在采写新闻时，考虑采用美联社和其他报业集团的强硬政策，在获取信息时也是如此。

如果记者主动要求对方提供匿名信息，那实在是很糟糕的举动。《民族》杂志引用前总统克林顿的新闻发言人迈克·麦柯里的话说：“如今，从某种意义上说，匿名消息成了大问题，因为现在的记者发表匿名信息时总是比知情者显得更积极。"

"作为一个新闻发言人，在这25年当中，我跟记者的谈话恐怕不下几千次了。"迈克·麦柯里说，"在80%的情况下，都是记者让我匿名提供消息和背景情况，而不是我主动要求的。我几乎用不着去要求，通常也不会这么要求，因为我宁愿尽量保持真实可信。"

记者有很多种隐瞒信息来源的方式，可以把信息处理为背景资料、深度背景，以及非正式的材料。背景资料通常由高级行政官员提供，或是传真、复制的材料，因此无法具名。当采用深度背景信息采写报道时，记者只写事实而不必深究源头。

在越南战争期间担任过国家安全顾问，后来又成为国务卿的亨利·基辛格在白宫给记者作简报时，通常只提供背景资料。这个"背景提供者"的风头太劲，以至于有一次，《纽约时报》在头版的主打专栏刊登了一篇引用某位政府高官的报道，并将基辛格的照片登在了旁边。

我曾经威胁过要这么写报道："尼克松政府一名带着浓重的德国口音的高官，今天说……"但是我最终还是没敢这样写，因为我担心编辑会对我的文章不满。

"私下谈话"（off-the-record）[①]本身就很能说明问题。通常这些信息会为撰写报道的记者提供背景资料，但它们不能公开发表。记者的承诺是严肃的，如果他保证某些内容不会公开发表或不会留下记录，那么这肯定会成为事实，因为大多数记者确实是值得信赖的。

实际上，有的记者因为不能接受"依据背景资料"和"不准公开、不得发表"的条件而选择放弃"私下谈话"，因为他们认为可以通过其他途径找到他们需要的信息，并且能够公开发表出来。记者虽然经常独立不羁，但如果一大批记者都选择放弃，那么此举通常不会有太大的效果。倘若有一两个记者一致坚持"打破砂锅问到底"，那么发言人就会坚持按照政府方面的条件和计划行事。

约翰逊总统总是以私下谈话的方式向我们提供消息，但我们知道他并不

①off-the-record：美国媒体通用的术语，表示不能公开的私下谈话。

明白这个词的含义，他只是希望他的谈话内容以匿名消息的方式在报纸上发表出来。

在《攻击信使：政客怎样让你与媒体成为死对头》（罗曼—利特菲尔德出版公司2005年出版）这本杰作中，作者克雷格·克罗福德（Craig Crawford）一针见血地说："在华盛顿，扭曲事实真相的情况已经司空见惯，以至于政客们想要将真相告诉记者的时候，反而会采用私下谈话的方式。这说明什么？"

"在华盛顿，扭曲真相到了极不正常的程度，某句公开发表的引言如果有出处，反倒很少有人相信，而那些没有出处的信息反而被认为是真的。新闻媒体对那些愿意匿名说出真相的政客实在是非常优待，记者们对这一套也非常着迷，因为这样的报道更抢眼。有时候……我们别无选择，这是我们得到信息的唯一途径。"

值得注意的是，匿名信息不一定来源于揭秘者。揭秘者是指在某个机构组织里面目睹其同僚做出了与机构组织的使命背道而驰、非法甚至于有害于公共利益的行为，因此决定将这些行为公之于众的人。这种人通常被良知和强大的道德感驱动着。

杰夫瑞·维甘德（Jeffrey Wigand）算得上是一个著名的揭秘者，他是20世纪90年代揭露烟草公司丑闻的关键人物，他揭露了烟草公司的高级主管们知道香烟能致人成瘾且含有致癌物质的秘密。维甘德被解雇了，太太也与他离了婚，但他在哥伦比亚广播公司的《60分钟》访谈节目里表示，从不为自己的勇敢行为感到遗憾。

安然事件，让几千名忠心耿耿的员工失去了工作和一生辛苦的积蓄（安然公司很多职员都购买了公司的股票），此事也是由一个目光敏锐的会计师揭发的。美国有的州和县颁布了专门的成文法律来保护揭秘者，但这依然是一种风险巨大而回报甚微的行为，尽管揭秘者知道自己做的是对的。感佩之情总是来迟——有时实在来得太迟了。

揭秘者一般产生于政府机构，或对腐败具有抵触感的正直人群中。最出名的一位揭秘者是A.厄尼斯特·福兹格纳德，他在空军任后勤副助理秘书。福兹格纳德透露了新购置的运载飞机费用超支的信息，还披露了国防部其他方面的浪费行为。虽然他为节约纳税人的钱作出了贡献，同时却被尼克松及其政府视为眼中钉，尼克松管他叫“狗娘养的”。他非但没有因为正义行为得到嘉奖，反而因此被贬到一个无足轻重的小办公室，成了五角大楼的“贱民”，人们对他敬而远之。这样的待遇，对于那些披露了政府或企业不当行为的人而言并不少见。有的人失去了工作或者被迫辞职。在《揭秘者手册》里，布莱恩·马丁写道：“揭秘者在说出真相的时候，付出的代价是非常可怕的：失业、降级、被诽谤、被放逐、免职、解雇，同时上黑名单。”

近期我最欣赏的揭秘者是马里兰州科雷甘维尔的约瑟夫·达比（Joseph Darby），他年仅24岁，是一个特种兵，在巴格达附近声名狼藉的阿布格莱布监狱服役。2004年1月，年轻的达比通过照片发现了和他一起在372部队服役的同僚们严重虐待囚犯的行为，并向上级汇报。一天晚上，他给母亲打电话的时候向她寻求心理支持，但是没有告诉她具体是什么事情让他困扰。当妈妈（尽管她不知道真相）告诉他 “说出真相会让你轻松”之后，他把一张刻录了照片的光盘放在了军方调查人员的铺位上。

从此达比被同僚排斥，他们认为他是叛徒。不过2005年5月15日，他被授予约翰·肯尼迪勇气奖，他的兄弟拉瑞在哥伦比亚新闻在线直播节目上说：“我一点也不觉得惊讶，他一向能够明辨是非。”

“泄密者”一般会以匿名的方式把消息传给媒体。已故总统肯尼迪的新闻发言人皮埃尔·塞林杰曾说，肯尼迪在任的时候就因为泄密事件暴跳如雷，责令塞林杰尽快抓到罪魁，几天后，塞林杰笑容满面地告诉肯尼迪已经找到泄密者了。“谁？”总统问。“您自己。”塞林杰回答道——肯尼迪在跟一个记者进行友好交流的时候，似乎谈得太多了点。

许多新闻发言人直接告诉总统，就是抓住了“泄密者”也是徒劳的，最好的办法是尽量忘记这回事，以此劝诫总统忘记泄密带来的烦恼。

约翰逊总统曾打算让媒体刊登一些报道，结果成了出名的“自我泄密者”。1965年，他当上总统之后，打算赶走肯尼迪班底的内阁，好把自己人放进去。美联社的记者卡尔·鲍曼（Carl Bauman）和我一起采访约翰逊。他去教堂做完礼拜之后，我们应邀一同去他在得克萨斯州的牧场做客。在那里，他跟我们抱怨，前任内阁早该把辞职信放到他的桌子上了，他们一直在拖他的后腿。我们心领神会。约翰逊要我们按照他的旨意，把点明他在等着内阁成员主动辞职的文章发出来，还要我们把发稿时间改为华盛顿时间（华盛顿用的是美国东部时间，比得克萨斯州早3个小时），好掩盖消息的出处——尽管我们当时是在得克萨斯州。我们俩都遵从了他的旨意。我那时在合众国际社当记者，而我们通讯社不同意改时间，于是我们的独家报道就通过电传机传了出去。约翰逊给国务卿迪安·腊斯克（Dean Rusk）和国防部长罗伯特·S.麦克纳马拉（Robert S. McNamara）打电话，说也许有人会跟他们说起这篇报道，让他们不要理睬，因为逼前任内阁辞职的事跟他们无关。

其他内阁成员知道那是“上头”的意思，很快就主动递交了辞呈——没有哪个总统喜欢做恶人去解雇别人，约翰逊总统也一样。

记者们都知道，约翰逊不能接受媒体预知自己的行程安排这一情况，如果他的副手走漏或公开披露了他要举行高层会晤的信息，他就会推迟预定时间，甚至取消行程。

在罗纳德·里根就任期间，就有两个派系：一个以白宫幕僚长詹姆斯·贝克（James Baker）为首，另一个以总统的私人律师埃德温·米斯（Edwin Meese）为首。米斯是加州的保守党成员，一直跟着里根“长征”到华盛顿。两派之间的政治冲突导致了严重泄密，因为双方都想控制媒体，争取在总统面前占上风。

一个有潜质的记者或编辑，往往能通过新闻信息的一点端倪发掘出一篇独家报道。有时候，热点信息是政府部门放出来的试验气球。政府官员也经常推心置腹地跟记者交流，以期在公众中树立形象，并以此观察公众反应。记者一定会为这些匿名人士保守秘密，这事关信誉。

我在前面提到过，历史上最最著名的政治“匿名信息源”是W.马克·费尔特——水门丑闻里的“深喉”。《华盛顿邮报》的记者鲍勃·伍德沃德和卡尔·伯恩斯坦曾和数不清的秘书、部长、竞选工作人员、政府官员的助理等人谈话。伍德沃德跟费尔特会面时，费尔特不是肯定他们的发现，就是告诉他们走的路子不对，他对整个事件的进程起着决定性作用。

2005年年中，费尔特已达91岁高龄，他的家族认为应该挑明他在水门事件中扮演的角色了。伍德沃德说，他、伯恩斯坦、已故《华盛顿邮报》出版人凯瑟琳·格雷厄姆（Katharine Graham）和退休的执行主编本·布雷德利（Ben Bradlee）都遵守了他们的诺言，为“深喉”保守秘密长达25年，“我们始终遵守诺言”以保护这位匿名爆料者。

倚重于利用匿名信息的媒体都知道，“那是一种很难打破的习惯”。佛罗里达圣彼得斯堡坡因特学院是一个培养职业记者的学府，它的伦理学系主任凯莉·麦克布莱德（Kelly McBride）如是说。

凯莉在与《洛杉矶时报》的作者詹姆斯·雷尼（James Rainey）谈话时说，对消息来源有严格规定的出版机构，会不时被那些处理消息不那么严格的媒体抢去风头，而且要从后者那里获得消息，前者应该对此有所准备。

记者如何做到保护匿名爆料者，同时又让自己置身危险之外呢?

前联邦调查局特工W.马克·费尔特就是传说中的“深喉”这一结果浮出水面，以及中央情报局特工瓦莱丽·普拉姆与相关记者引发的种种争议，再次炒热了对记者特权的争论。

纵观美国历史可以发现，各种观念在争取人们认可的时候通常会相互碰撞。而且美国人信奉一点：任何理念只要经过大熔炉的熔炼、经过公众的辩论，就会变得更完善、更纯粹。很多这样的碰撞都是以合乎宪法原则为前提进行的。最近一个引人注目的案例是这样的：如果行政部门特殊豁免权与国会权力发生冲突，行政官有权豁免某些透露对国家安全产生影响的情报人员。总统们也想用这样的豁免权保护自己。当司法委员会要求尼克松交出他的录音磁带时，他就企图启用豁免权，拒绝交出磁带——他的要求被美国最高法院驳回。在尼克松时代，行政官特权被用作庇护手段，他想借此掩饰自己的种种过失。他希望总统有无限的权力。

水门事件的意义远远超出了特权与法律发生碰撞的理论意义，同样重要的是，整个事件过程中，最重要最轰动的就是媒体的披露，这样的揭露方式，增强了美国人民对宪法《第一修正案》所赋予的新闻自由的信心。尤其重要的是，一系列事件使人们理解了媒体掌握秘密情报的必要性。

在水门事件的辩论过程中，有关新闻自由尚属于边缘问题。然而时至今日，美国宪法《第一修正案》所赋予的权利仍与《第四修正案》、《第六修正案》、《第十四修正案》赋予个体的权利发生冲突。此外，美国记者为争取新闻特权已经努力了很久很久——包括新闻记者有保守情报来源秘密的权利，在新闻采访、司法、立法和行政程序过程中有获得机密情报的权利。有时候，这可能会与想得到同样信息并如实呈现案情的检举人发生冲突。

对任何人而言，进监狱都是让人害怕畏缩的经历。而对于记者和编辑而言，仅仅想让公众知情就要被监禁乃至经受牢狱之灾，那绝对是一种恐怖、耻辱而且糟糕透顶的经历。在媒体工作，并不意味着我们就比别人勇敢，但是每个记者都知道，一旦得到秘密信息，就意味着有义务保守秘密。这是一种职业操守。

回顾一下可以发现，记者特权问题已经有至少150年的历史了，从创办阶段有限的支持就能看到报业早期发展的轨迹。到19世纪后半叶，记者不断寻求从普通法中获取特权的社会认同。然而，从来没有哪个法官认同过这种特权，因为基本法认为任何人要在法庭上作证，就必须提交证词。时常被引用的一则经典语录（摘自美国法律界最著名的权威人士之一威格莫尔教授）是："3个多世纪以来，每个人都有权提出证据……当我们检验各种争取豁免权的要求时，有一个前提——申请者必须提出获取豁免权的理由。这已经成为公众的基本行为准则。"

《第五修正案》也被记者当作信息源的保护伞。记者被要求指证他们所看到的罪行时，可以申请特权，宣称他们有免于向当局报告揭发犯罪行为的权利，以免自证其罪。不过，大多数法院认为，对记者而言，这不构成犯罪责任，因此记者们没有必要借助《第五修正案》的保护。很显然，即使可以援引《第五修正案》，它能派上实际用场的几率仍然很低，毕竟只有在记者本人是犯罪行为的目击者时才用得上。

20世纪50年代，威斯康星州共和党参议员约瑟夫·麦卡锡对共产主义者和左倾分子进行清洗，好莱坞的许多电影明星也被带到众议院非美活动调查委员会（House Un-American Activities Committee，该机构后被国会解散）作证或问话。这是一个很恐怖的时期，许多名人因此失业，剧作家和演员则因为个人观点或社交圈的关系而上了黑名单。很多人因此不得不"求助于《第五修正案》"。此时，对于媒体而言，这意味着他们某种程度上

“有罪”。一些显要人物，比如著名演员兼制片人、英国籍的查理·卓别林（Charlie Chaplin）宁愿离开美国，也不愿意与非美活动调查委员会合作接受调查。他原本在美国待了40多年，这一走就是20年。还有著名的剧作家亚瑟·米勒（Arthur Miller）也拒绝与该委员会合作，他的事业有好几年时间都因此受到了严重影响。1954年底，参议院以67票比22票通过决议，谴责麦卡锡滥用该委员会的权力，是“违反参议院传统”的行为，从而结束了“麦卡锡主义”时代。

在美国，无论是普通法还是宪法（普通法属英美法系，以判例法为主要渊源。英国没有宪法，美国宪法与普通法并行），都没有为拒绝公开信息来源的记者提供特别的联邦保护，很多州设法填补这个空白，制定“盾牌（保护）法〔由于新闻记者职业的特殊性，美国许多州都制定了‘盾牌法’（Shield Law），保障新闻媒体记者享有‘拒绝证言权’，给予新闻工作者不同程度的权利，以利于保护信息来源〕”。其他州则有被普通法认可的法院条例，或取得了许可的特权。

1958年，加兰诉托里（Garland v. Torre）案成为美国新闻界提出新闻界应该享有“信息源保密权”的里程碑式事件。一位匿名人士称电影明星朱迪·加兰（Judy Garland）超重了，《纽约先驱论坛》的专栏作家玛丽·托里（Marrie Torre）就此事撰写了一篇报道。具有讽刺意义的是，这么俗气的案子竟引发了一场宏大的宪法辩论。几年之后，记者争取保护信息来源的特权因《第一修正案》得到了推动，尽管法律对此的保护程度没有很明确的定义。托里坚持自己的原则，拒绝对法院透露信息来源，最后被监禁了10天。她的报社为她撑腰。

虽然最早涉及记者特权的案件——例如加兰案——属于民事案件，后来这个问题却经常成为刑事版的头条。如今，以《第一修正案》为基础的法律都从这类案件中发展而来。第一个相关问题是法庭能否要求记者提供笔记，并要求记者对大陪审团作证；第二个问题是有关部门利用搜查证从新闻机构或记者的文件那里得到的机密和非机密证据是否合法。长期以来，由于搜查和收押所引发的种种冲突，可以一直追溯到英国殖民地时期，那时，当局凭着一张王室的书面命令就能随意搜查当地居民的房产和办公室。然而，可供援引的、授予记者某种特权的宪法条文至今仍然没有形成。

在布兰斯堡诉海斯（Branzburg v. Hayes，1972）一案的判决中，最高法院大多数法官否定了记者特权，他们甚至否认在特殊或非常情况下让记者免于在大陪审团面前作证的必要性："在大陪审团调查过程中，《第一修正案》并不赋予证人拒绝回答有关案件的问题的权利。如果这点成立的话，那么证人就更没有道理拒绝对大陪审团作证，除非政府方面能够证明有某种'确凿的理由'让媒体从业员避免作证。"（这里的法律语言是说，除非检察官方面提出有力的理由，否则记者就要作证。大陪审团的证人都是由检察官来指定的）

1972年布兰斯堡案的判案结果让人很惊奇，它引用了记者确实享有某种特权这一概念。这由大法官刘易斯·E.鲍威尔（Lewis E. Powell）的赞同意见分析而来。而拜伦·怀特（Byron White）法官和另外三个人形成了相对多数意见——这意味着鲍威尔法官的赞同意见要取得第五票认同才行（美国最高法院有9名法官，5票才算多数）。后来，联邦法院和州法院都根据鲍威尔法官的意见形成了新生效的多数意见——它对怀特法官的意见进行了一些修正。如今这一意见可以看作最终判决意见，它跟鲍威尔法官的意见完全一致："记者应否享有保护信息来源的特权，取决于是否可以平衡新闻自由，以及与每个公民在刑事案件过程中提供证明的义务之间的关系。"

此外，鲍威尔法官的意见因为波特·斯图尔特（Potter Stewart）法官对布兰斯堡案的反对意见而得到了深化发展——这次，他们援引了一个初级法院对另一个案件——考德威尔（Caldwell）案——的判决意见。判断记者是否必须出庭作证时，应当遵循三个基本条件：

1．有正当的理由证明记者掌握着有关材料和必要信息；

2．没有得到这些资料的其他潜在途径；

3．这些资料不可或缺，否则就无法公正地裁决、判案。

有了这些准则，事实上就能形成一种特许权，并运用于民事案件（在不同的法院以不同的形式进行运用）。

因此，布兰斯堡案最终似乎遂了新闻媒体的愿。尽管媒体未能完全如愿，但媒体的特权至少在一定程度上得到了认可。然而，如同后来看到的，记者仍要面临很多讯问和提供信息之类的要求。

另外一个涉及搜查和扣押与记者特权冲突的典型案例是泽克诉《斯坦福日报》（Zurcher v. *Stanford Daily*）案。事件起因是，有9名警察为了镇压斯坦福大学医院的一次学生骚乱而受伤。在事件现场，警方没有拍照，事后也没有目击者出面指证攻击者对警方采取了不当行为。受伤的警察只辨认得出两个攻击警方的人，一个警察看到至少有一个人拍摄了事件的经过。几天之后，该校的学生出版物《斯坦福日报》刊登了有关此事的照片，指出有一个记者看到了事情的经过。

次日，地方法院法官根据警方的一份起誓书发出了搜查令，这张搜查令上写着“必须依据可能性和合理性”，而在报社的办公室里，警方可以搜查出相关的照片及证据。后来警方搜查了报社办公室，找到了照片和记录的文字内容。

报社向联邦法院起诉：禁止该搜查令的执行，因为它侵犯了《第一修正案》赋予他们的权利，某种程度上也侵害了《第四修正案》和《第十四修正案》赋予他们的权利。联邦地方法院和上诉法庭同意报社的意见，但是最高法院却不认同。最高法院认为，报社和任何人一样，在搜查令面前都必须服从。然而，在形成多数意见的时候，怀特法官确实说过当牵涉到《第一修正案》时，必须小心谨慎、严谨精确地应用《第四修正案》。最高法院根本没有给报社以任何保护，而搜查令本身则应该明确规定搜查范围和扣押项目的范围。最高法院也认为，签发搜查令时，尤其是涉及《第一修正案》规定的权利时，必须对其合理性进行全面的考量。至于其中的准确含义，全仰赖法官的定义和解释能否经得起追问。

值得注意的是，在所有这些与《第一修正案》保护的新闻自由直接冲突的案件中，不仅媒体的办公室遭到搜查，而且搜查对象甚至没有被怀疑做错了任何事。这种侵害媒体权利的严重程度已经非常清楚了。这将瓦解媒体组织，而且，今后没有谁敢跟记者说什么秘密了。《斯坦福日报》的记者证实说，警察执行搜查的时候还看了跟该案无关的秘密资料。

很多法院认为给记者发传票对新闻自由没有多少影响或干预。然而，在审理新泽西一起谋杀案过程中，事实证明这种观点完全是一种误导。被告要求法院给《纽约时报》一个叫麦伦·法伯（Myron Farber）的记者发传票，并提供全部秘密材料——这些材料包括法伯采访的200多人的记录和录音。新泽西联邦地方法院下令把材料全部拍下来（在法官的办公室而不是当众拍摄）。报社和法伯都拒绝了，结果二者都被认定为藐视民事和刑事法庭。这一判决得到了新泽西最高法院的支持，美国联邦最高法院则拒绝听取申诉。因为证据不足，被告被无罪释放，这个案子不了了之。新闻界普遍关注法伯的案件，对此案作了大量报道。

在此要特别指出的是，新泽西有盾牌法，目的是保护秘密信息源。尽管如此，法院还是认为，依据《第六修正案》的原则，被告有权要求目击证人出庭作证。当时《第六修正案》相对盾牌法而言具有司法优越权。发传票的时候，新泽西最高法院也意识到，这样做可能使得受《第一修正案》保护的新闻自由权遭到冲击，所以法院要求所有资料在送达法庭时必须全程拍摄存档。

即便采取了保护措施，信息源还是可能被切断或受到影响，只要知道法官可能阅览秘密资料，提供信息的人就会产生心理障碍，信息的传递流通自然会受到抑制。只要掌握秘密信息的人意识到，法官可能把他们提供的信息放在公众记录库中，作为备案材料，他的焦虑就会扩大。此外，他们还担心记者被政府利用来做秘密调查（相当于特务密探之流，这对于他们而言就太危险了）。至少必须有足够的证据表明，政府没有其他办法获取他们所提供的、记者掌握的秘密资料和信息。

司法机构已经推行的那些有关媒体权利的条例，对记者相当不利。比如说，记者或媒体成为当事人时——无论是当原告还是被告，他们都不再享有特权。即便是特许权本身都存在不确定因素。而且，州一级的法院会把其他权利置于《第一修正案》的权利之上——即使在有盾牌法的地方也如此。

在我看来，《第一修正案》所赋予的言论自由权利和出版自由权利是一切权利的基石。因此，我很难理解，为何保护自由权利如此重要，法院却不能制定出有效的方案加以维护。

中情局前任特工瓦莱丽·普拉姆“曝光”一案是最好的说明。2003年夏天，有人向记者透露前任大使威尔逊·约瑟夫（Wilson Joseph）的太太是中央情报局的地下特工。威尔逊曾经批评布什政府发动伊拉克战争的原因、质疑政府宣称伊拉克向非洲买铀的说法。随后，几个记者得到了有关瓦莱丽·普拉姆的信息，专栏作家罗伯特·诺瓦克（Robert Novak）决定披露这一消息，他声称消息来自“两位政府的高级官员”。

诺瓦克如此做法，等于把普拉姆和她的国外联系人置于危险境地，而且毫无疑问地断送了她作为中央情报局秘密特工的职业生涯。此外，政府官员泄露特工身份，属于重罪①——因此，诺瓦克等于协同政府犯罪了。迫于压力，布什政府随后指派独立检察官帕特里克·菲茨杰拉德（Patrick Fitzgerald）专门负责调查这一“泄密”事件（此事在美国国内尤其是在政府情报部门内引发了巨大争议。在各方的强大压力下，司法机关彻查此事。2003年12月31日以来，联邦检察官帕特里克·菲茨杰拉德一直在调查普拉姆身份曝光案，并向各种渠道求取信息）。事到如今，好像没有人知道诺瓦克在调查期间的实际情况。独立检察官帕特里克·菲茨杰拉德也许给诺瓦克发了传票，可是没人能肯定，因为大陪审团的调查是秘密进行的。诺瓦克也可能被警告闭嘴，禁止在大陪审团面前作证时就此事讨论争辩。或者，诺瓦克根本就没有跟大陪审团碰面。

开始，人们估计诺瓦克是第一个得知瓦莱丽·普拉姆中情局特工身份的人，后来人们才得知《华盛顿邮报》的鲍勃·伍德沃德在2003年先于他知道这个信息，当时伍德沃德在写一本书，且不知道这属于机密。由于没有及时把这一秘密告知报社编辑，他受到了读者的强烈抨击（他是揭露水门事件的主要记者，是美国“最有面子”的政治记者）。

然而，除了最早“爆料”的专栏记者——第一个进行报道的诺瓦克之外，普拉姆身份暴露跟其他记者也脱不了干系。另外两个记者——《纽约时报》的朱迪丝·米勒和《时代》周刊记者马修·库珀被传唤到法庭，向大陪审团解释他们了解普拉姆中情局特工身份的经过。如果他们拒绝说出实情，那么二人都可能面临监禁（最后，米勒确实被监禁了），他们所在的报社、杂志社将被罚款数千美元。然而，库珀的报道写在诺瓦克的专栏文章之后，

---

①1982年的《情报人员身份保护法案》（*The Intelligence Identities Protection Act*）规定，如果官员故意泄露其他官员的隐秘身份，将受到最多10年的监禁。

而米勒的确调查了此事，但对此只字未写。

尽管如此，美国联邦地区法院的托马斯·F.霍根（Thomas F. Hogan）法官却要判米勒入狱，除非米勒告诉大陪审团哪些人跟她说起过普拉姆，并称记者不能因为宪法《第一修正案》的保护而完全免除向法庭提供必要信息源的义务。在米勒被监禁之前——还在等着美国最高法院判决的时候，《纽约时报》的出版人小亚瑟·苏兹贝克（Arthur Sulzberger Jr.）说，他很担忧这将对新闻事业产生怎样的影响。“尽管对朱迪丝·米勒的监禁还没有定案，但是这对其他记者日后对政府、企业和其他机构的行为进行报道的能力肯定是一种打击。《纽约时报》将一如既往地努力，为记者继续给广大国民提供他们因之可以进行正确的判断评估，进而对国家乃至世界产生影响的必要信息而努力抗争。”朱迪丝·米勒最后以藐视法庭罪而被监禁了85天，直到她的线人I.刘易斯·“速可达”·利比（I. Lewis “Scooter” Libby）在大陪审团面前作证之后才被释放。行文至此，利比先生已经被指控妨碍司法公正：分别于2003年10月及11月接受联邦调查局（FBI）调查时提供虚假信息，在大陪审团听证会上就何时及如何向记者透露瓦莱丽·普拉姆的秘密情报作伪证等罪名。

马修·库珀写了一篇报道，说威尔逊公开批评布什政府编造入侵伊拉克的理由之后，布什政府就用这样的方式向这位前任美国大使威尔逊·约瑟夫——瓦莱丽·普拉姆的丈夫“宣战”。虽然库珀不是第一个公开瓦莱丽·普拉姆身份的报道记者，但他还是收到了独立检察官帕特里克·菲茨杰拉德的大陪审团发来的传票。

美国华盛顿特区联邦法院拒绝了根据宪法《第一修正案》应取消库珀的传票的动议，库珀同意回答有关他和副总统助理的谈话内容的部分问题。可是随后他接到了第二张传票。他最初拒绝提供信息来源的时候，就被警告将因为藐视法庭而面临监禁，直到他同意出庭作证为止。这个判决还在上诉中。

2005年2月15日，美国哥伦比亚特区上诉法庭的三人法官小组召开会议之后认定，记者没有为了保护信息源而免于向司法机构作证的特权，还援引了布兰斯堡案，说看不出这两个案子之间有什么区别。

马修·库珀要求美国最高法院重新审理地方法院的判决，并提交了一份要求移送诉讼命令的请愿书，其中谈到，布兰斯堡案已经过去几十年了，“在法律范畴认同记者的特权已经获得了强有力的支持，这是极其重大的改变”。比如，1975年，美国国会通过了《美国联邦证据规则501条款》，其中就说到联邦法庭应该按照“理由原因和实际情况”承认（认可、批准）一些新的特权。在1996年贾菲诉雷蒙德（Jaffee v. Redmond）案中，通过普通法体系确立了精神治疗法（心理）医生的新特权，他们可以受到保护，免于出庭作任何涉及他们客户（病人）的证词。库珀在请愿书中还说，记者的特权已经蕴藏在《美国联邦证据规则501条款》或《第一修正案》里了。与此同时，有34个州联名签署法律意见书，敦促最高法院认可记者具有保守信息源秘密的特权。这一活动最先是犹他州首席检察官、共和党人马克·舒特利夫发起的。

还有其他记者也发现自己跟瓦莱丽·普拉姆一案挂上了钩。独立检察官菲茨杰拉德还给NBC《媒体面对面》主持人提姆·拉瑟特（Tim Russert）、《华盛顿邮报》的沃尔特·宾克斯（Walter Pincus）和格伦·凯斯勒（Glenn Kessler）发送了传票。拉瑟特同意就他与副总统助理的谈话回答大陪审团的部分问题，因此，他没有被判藐视法庭罪。凯斯勒提供的部分证词说明他和副总统助理的谈话没有涉及普拉姆和她丈夫。副总统助理要求凯斯勒证明这一点，但没有同意凯斯勒完全透露他们的谈话内容，凯斯勒遵从了他的意见。凯斯勒经过匿名线人的准许出来作证，而没有说出线人的名字。

此外，两名国会议员要求检察官菲茨杰拉德给詹姆斯·古克特（James Guckert）发传票，他曾经以杰夫·甘农的化名写作。纽约民主党众议员路易斯·斯劳特（Louise Slaughter）和密歇根州民主党众议员约翰·科尼尔斯（John Conyers）认为古克特（甘农）可能看到过白宫有关让瓦莱丽·普拉姆出局的备忘录。

尤其值得一提的是，布兰斯堡诉海斯案，已经做了多年的判例法，特别应该认识到美国国会有权“根据实际情况可宽限也可严谨地”为联邦记者的特权立法。据说联邦立法机关也可以根据各州的法律创立盾牌法，“以承认新闻工作者的特权——可以是有附加条件的特权，也可以是绝对的特权”。据美联社报道，已有31个州，外加哥伦比亚特区，有了盾牌法，可以保护记者免于暴露秘密信息来源以及在采访中获得秘密信息的过程。

综观法院或者其他立法机构（无论州或是联邦的）所允许的针对其他人群的特权，无不是可以让原告被告免于出庭作证的。看来，认可记者的特权也是时候了。比如说，有医生与患者的特权、律师和委托人的特权，还有配偶之间的特权——这些特权都没有妨碍或侵犯检察官或被告的权利。如果这些保护法已经得到认可了，为什么不能认可联邦为记者制定的盾牌法呢？难道这对于《第一修正案》和国家的信息流通不是很重要的事吗？上述两个因为瓦莱丽·普拉姆一案而面临监禁的记者的遭遇，让我们深切感受到联邦保护法（盾牌法）对记者的重要性——因为，唯一触犯法律的人是一个高级政府官员（泄密的官员），而没有一个记者犯法。

最终，让人心寒的布兰斯堡案和其他没有引起什么争议的案件的判决所引发的不良后果引起了美国国会的关注。美国参众两院都提交了立法议案，以给予记者保护秘密信息源的公认特权。新闻界坚信，联邦盾牌法是保护记者面对更多起诉行为的最佳武器。根据美国新闻自由记者委员会（Reporters Committee for Freedom of the Press）的统计，仅仅在 2004 年，就有 22 个记者接到了法院的传票。相较之下， 1991—2001 年的 11 年当中，平均每年接到传票的记者都不超过 9 个。因此的确需要为此事多作一些努力了，而国会在其中起着决定性的作用。

联邦盾牌法的决议案是由独立党罗得岛众议员米克·彭斯（Mick Pence）和弗吉尼亚州民主党众议员里克·鲍彻（Rick Boucher）共同起草的，由共和党罗得岛参议员理查德·卢格（Richard Lugar）提交到参议院。2004年，康州民主党参议员克里斯·多德（Chris Dodd）也递交了一份类似的提案，但是至今还没有什么动静。新闻自由记者委员会呼吁“共同努力”促成两党的议案，前共和党参议员领袖鲍勃·多尔（Bob Dole）也为《纽约时报》（2005年8月16日）写文章敦促尽快通过这一法案。

美国记者权益组织新闻自由记者委员会的执行总裁露西·达格利什（Lucy Dalglish）说，这是“美国新闻记者和公众知情权都岌岌可危的时候。目前美国有20多个案件涉及要记者成为政府的调查者和诉讼当事人。媒体独立为公众提供信息的能力，正处于威胁和危险当中”。

希望联邦尽快通过盾牌法的热心支持者担心布什总统不会签署同意，他一向对媒体抱有恶感。实际上，布什执掌大权期间，司法部已经否决过盾牌法的立法议案了。司法部副部长詹姆斯·B.科米（James B. Comey）说，那些议案是“最糟糕的公共政策”，它们会阻碍政府有效“打击反恐怖”政策。立法者希望双方能够折中一下，就算冒着国家安全可能面临威胁的危险，也应通过盾牌法。

不过，这些议案能够在美国国会得到双方的支持实在是个好兆头。《今日美国报》刊登了一篇由民主党参议员克里斯·多德和共和党参议员理查德·卢格合著的文章，他们写道：“新闻独立意味着媒体有权为全体国民的最高福祉进行质询、挑战和调查，这是我们这个民族最大的福祉所在——无论哪个政党在位都一样。一部有效的联邦盾牌法不仅仅保护记者的权利，也将保护我们这个民族珍视的自由权利。”

与此同时，美国最高法院拒绝了记者调卷复审的请求及库珀和米勒的申诉，这意味着，案子又被踢回地方法院了，霍根法官很快命令把他们监禁起来。最后，《时代》周刊屈服了——无视库珀的反对，交出了他的笔记。因为不愿意被监禁，库珀同意在得到特别豁免权以后，与检察官合作，交出笔记。在得到线人、白宫政治顾问卡尔·罗夫的秘密许可之后，库珀决定跟独立检察官合作。朱迪丝·米勒则被送进了监狱。

米勒案绝对会有后遗症。朱迪丝·米勒入狱后不久，《克里夫兰坦诚报》就因为“两篇很有深意的报道”而出名了。可是，因为报道的背景就是泄密事件，该报的编辑道格·克利夫顿（Doug Clifton）提到，因为刊登这两篇文章，差点因泄密事件被调查，甚至要面临最后选择：坦白还是进监狱。此外，《时代》周刊主编诺曼·珀尔斯坦（Norman Pearlstine）后来说，库珀把笔记交给独立检察官帕特里克·菲茨杰拉德之后，他们接到了很多线人的电子邮件——说他们再也不会信任任何杂志了。在全美各地，媒体受牵连的令人寒心的事情比比皆是。

将来，无论有没有联邦盾牌法，法院都必须审慎应对媒体权利的侵犯行为。唯一有力的声音是，不论特权或有限特权是否存在，法院都不能回避它的责任——平衡冲突双方的利益。在美国，媒体和记者有着极其重要的地位。他们起着平衡社会元素的作用，这是其他机构不可能做到的。

水门事件的结局是新闻自由获胜的唯一案例。然而，如果伍德沃德和伯恩斯坦当初没有保护好“深喉”马克·费尔特的秘密身份，他们就不可能得到那么多信息来揭开尼克松政府渎职和犯罪的秘密。没有人能够想象，当年那些记者若是面临如今记者所遭遇的种种威胁，后果将会怎样。

很多时候，只有独立记者才有能力和平台为公共利益服务。纵观历史就能发现，秘密消息总是来自那些滥用职权和不法行为的内部。记者时常是那些准揭秘人唯一可以依靠的人。从虐待儿童到安全隐患，到政府滥用职权，到腐败，到战争犯罪，到政治渎职，等等——在这一切中，媒体是公众眼中的一座灯塔，它能把真相展示于公众面前。了解内幕的人如果不相信记者可以保守他们的身份秘密，就肯定不会把自己掌握的秘密信息透露给记者。

其实美国政府高层也知道披露公平信息的重要性。这一理念在前副总统切尼的能源政策小组遭遇诉讼的过程中得到确认。按理说，政府必须提供白宫和商业巨头以及其说客所有的联系文件，但是切尼没有。在哥伦比亚特区上诉法庭，切尼辩解道，总统享有与其顾问商定秘密协议的行政特权，且受宪法保护，这对于作决策而言是非常重要的。法庭认同了这一点。由于没有行政机关专门为公众服务，因此对公众而言，记者的可信度就更重要了。如果盾牌法对于政府而言是适用的，那么对于媒体和公众而言就更是如此了。

我个人认为，既然切尼是为公众服务，那么，我们就有必要知道是谁在给国家能源政策出点子。法院所作的保密裁定，关上了人们了解是谁左右了美国国家政策的窗口，却打开了疑惑之门：他跟那几个石油天然气巨头都商量了些什么？

记者保护信息源的权利是新闻自由这个概念的核心，新闻自由则是民主的核心。我们这个国家的先驱都很清楚新闻的重要性。如同亚伯拉罕·林肯所说的：“让人民知道真相，国家就会安全。”托马斯·杰斐逊还说：“如果要我来决定选择，是要无报纸、有政府，还是要有报纸、无政府，我毫不犹豫地会选择后者。”

认可媒体的特别权利，尤其是认可民众的知情权，意味着美国向建国伊始的民主理想目标迈进了一步。

# 第七章 报业也是一门生意

媒体如何在保持职业操守与保守国家秘密两者间取得平衡点？这是一个相当棘手的问题。另外，媒体还有很现实的一面——无论是纸媒还是广播电视——在各种费用成本上涨、发行量和受众却日益减少的时候，如何维持媒体的正常运转和永续经营，也是必须面对的问题。

一方面因为生存压力不得不刻薄员工，另一方面又确实为报纸和各个主流媒体的前途而忧虑，这也是目前现实存在却无法调和的矛盾。目前看来，在解决当前媒体的燃眉之急和寻求未来的生存之道方面，实在没什么好办法。

日益激烈的竞争给公众“信息泛滥”的感觉，媒体的各种运营费用又不断攀升，发行人和电视台管理者为了不破产，只好以裁员、压缩国际和美国新闻的版面、尽其所能地拉广告、拉客户的办法维持。尤其对《纽约时报》、《洛杉矶时报》这类世界知名的大报而言，压力就更大了。尽管保留下来的精英雇员竭尽所能，但依然躲不过发行量下滑的命运。

从20世纪80年代以来，报纸的发行量就一直减少，但是，上文提到的报业丑闻并不见得就会给报纸、互联网、有线电视甚至某些杂志的读者、观众带来很大的负面影响和冲击，这不是引起发行量下滑的原因。随着广告和读者、观众的减少，媒体日陷困境；然而，媒体有自己的优势，它不像其他服务行业，如果出了质量问题就必须想招渡过难关，不然就可能倒闭。媒体的功能是为公众提供信息，它们即便出了一些新闻失实之类的丑闻，公众依然能够宽容它们。

金融家沃伦·巴菲特（Warren Buffett）的公司拥有《华盛顿邮报》18％的股份，最近他对外界预言，在未来的20年里，报业经济将严重衰退——而他的预言已经成真了。

在向公众传递信息方面，广播、电视、互联网等技术与传统纸媒相比有着不可比拟的优越性。手机短信、卫星传输、互联网新闻等，更拓宽了消费者获取信息的渠道。

到2005年3月31日为止的前六个月，负责监测了解广告情况、报纸发行状况的发行审计局报告，全美发行的日报的发行量与上一年同期相比下降了1.9％，几乎是平时下降的1％的两倍，星期天则下降2.5％。眼看着业绩年度报表最后期限逼近，即便是有招聘启事和互联网广告的收入增加，加上一些大公司，如汽车公司仍然维持广告攻势，但这些对于提升报社的业绩而言，起不了多大的作用。

美国发行审计局，是一个行业自行组织的机构，很多广告人都通过它监测报纸的发行量。发行量决定报纸广告量的大小，经常影响数百万美元广告费的去向。2005年，在一件令人尴尬的广告量丑闻调查中，发行审计局发现，纽约长岛论坛公司的《新闻日报》（*Newsday*）、贝勒集团的《达拉斯晨报》（*Dallas Morning News*）、霍林格有限公司的《芝加哥太阳时报》（*Chicago Sun-Times*）都存在虚报发行量行为。为此，美国联邦邮政调查中心、美国国税局、美国股票交易委员会等机构的官员都参与了调查并以诈骗罪起诉它们。

《新闻日报》及其西班牙语版姊妹报的三个发行执行人涉嫌诈骗被捕，如果他们确实有向顾客虚报发行量、用皮包公司行骗欺诈，或用其他不实之词索求高额广告费的行为，一旦证据确凿，等待他们的将是20年的牢狱生涯。他们的动机尚未明确，但是美国纽约东区的地方检察官说，这些人“骗了广告客户数以百万计的广告费，或是在报纸上撤了广告，或是做了广告不付钱”。由于这次事件，有关部门对报业发行量的公开资料查得更紧了。

美国报业协会说，由于经济不景气，过去5年中，纸媒广告量确实受到了严重的影响。照理说，逆境应该能够激发企业进一步提升产品和服务质量，以建立良好的口碑；但当它们挣扎于生存线上的时候，就很可能大肆宣传自己，夸大之词在所难免，这时信誉和广告效应就难以兼顾了。由此产生了一个争论——如果某个机构能够提供世界上最好的产品或者服务，但没人知道，那又有什么用？此时，好广告就是制胜的秘密所在了。

协会还注意到，2003年底全美无骚扰电话登记中心（National Do Not Call Registry）的正式运营，也对出版产生了重创。媒体原来通过电话营销争取到的订户占了65％的份额，但是因为不能继续使用这种方式，只好转而采用邮递、电视、广播等成本更高的广告模式了。当然，这对声光电传媒而言大有好处。

针对报纸读者减少这一危机，资深传媒分析家约翰·莫顿（John Morton）说：“实际上，报纸订户消失的速度比报纸本身的衰退还要快。”

电视收视率的统计人员只关注18—49岁的人群，而报纸杂志和图书的发行人不会这么挑剔，他们只要有读者和订户就好——哪怕次日你就用这些出版物去包鱼骨头。

莫顿接着说：“以前，经济不景气对发行量不会影响那么大——报纸几乎被认为是日常必需品，人们靠报纸找工作和购物，同时读新闻。现在就不是那么回事了。”这是因为出现了完全依赖广告收入的互联网和社区免费报纸，还有其他出版物和远离大都市的乡镇小报吸引读者的注意力，并使他们参与家乡的活动。世界已然变成了地球村，但可悲的是，它带来的是越来越少的文字和内容缩水的国际新闻。

为了鼓励读者，一些设有网站的小报邀请读者用原创文章投稿，可以用他们自己不太满意的文章，也可以用博客、照片、录音、视频等形式的作品投稿。《洛杉矶时报》曾经在互联网线上开设了编读在线互动的栏目，读者可以随时随地上传自己的作品，也可以直接跟编辑交流，结果这个栏目只开了两天就因为匿名作者上传了淫秽图片而关门大吉了。

然而，并不是说传统纸媒的前途一片黑暗。卓越新闻项目组织的汤姆·罗森史蒂尔说，美国和国外增长得最快的是“有良知的媒体”。2004

年，罗森史蒂尔在美国公共广播电台发表讲话说，他的研究结果表明，到当时为止，西班牙文报纸的发行量达到了170万份，是1990年的4倍，与此同时，英文报纸正在以每年11％的比率下滑，西班牙语的听众和观众也在增长，他们关注的主要是娱乐、生活、体育、新闻和广告。

“西班牙语报纸显然涵盖了当地英文报纸所没有的本土文化、新闻事件等内容。” 罗森史蒂尔说。近年来美国的拉美移民激增是一个不可忽视的原因。

美国进步中心①（Center for American Progress）是个民间自由思想库，他们发觉约有2/3的西班牙语裔人士都靠看西班牙语报纸来获得政治新闻信息，而不是靠主流英文报纸。在美国，不同种族的媒体覆盖的成年人达到5100万，而西班牙语裔消费者是西班牙语媒体的主要消费群体，这个比率与其他种族的刚好相反。民意调查结果表明，有60％—66％的非裔、亚裔、阿拉伯裔以及美国本土人士更乐于从英文主流媒体中了解政治新闻。

所以，面向女性的、专门刊载明星八卦、拥有大量读者的娱乐杂志变成广告商眼里的金矿就不足为怪了。过去这些杂志刊登的广告大多是美容家居用品的广告，但是随着职业女性的增多，杂志的广告面也逐渐拓宽，比如《美国周刊》、《明星杂志》、《接触》等杂志，广告内容就涉及汽车、药物、电器等。

2005年4月27日，《洛杉矶时报》的专栏作者安德列斯·马丁尼兹（Andres Martinez）在2005年美国新闻编辑学会的年会召开后发表评论：“毫无疑问，报业正处于一个痛苦的转型期，如何满足不同层面的客户的需求，尤其是一项极大的挑战。现在报业还像老牛拉破车那样运营，就很难适应这个自动化的时代。”

即便是在这个“点击”世界的时代，有的东西还是不可替代的，比如传统媒体的报道、编辑、目录等元素，依然不可或缺——马丁尼兹评论道。换

①美国进步中心（简称CAP），创立于2003年，由乔治敦大学法律中心教授约翰·D.波德斯塔（曾任克林顿幕僚长）主持，是一个致力于美国进步和发展的民间智库，该中心通过思想和行动提升美国人的生活质量，努力把策略与现代通信技术结合起来，搭建公众探讨的平台，它的宗旨是长期倡导和支持进步运动。

言之，在新闻界，人还是决定性的因素，而且将永远如此。

美国新闻集团公司的出版巨头鲁珀特·默多克（Rupert Murdoch）在美国新闻编辑学会的年会上，把谷歌和雅虎誉为数字化的轴心，而把其他媒体誉为“数字化移民”——无论有多大的市场价值和突破创新，谷歌和雅虎等互联网平台，依然需要各个新闻机构以及报社提供信息来源。

“跟默多克一样，尽管报业发行因为数字化移民（互联网对传统纸媒的冲击）的增多而失控，但我对这个行业依然保持乐观态度。”马丁尼兹写道，“就像尽管当今可以通过多种渠道和方式观看影视工作室的作品（比如电影院、DVD甚至互联网视频），但是，不论有多少种影视的演绎传播方式，我们的内容和工作室的价值却无可取代。”他认为将有一个互联网公司最终会买下媒体，以拓宽影响，实现更大的利益。

布鲁斯·W.桑福德（Bruce W. Sanford）是美国宪法《第一修正案》的法律专家。在他极有价值的作品《别迁怒于信使》一书里，他说：“利益驱动和先入为主观念都无法消除，双方各不相让，它们是公众对媒体抱着犬儒态度的根源。近年来，这已经成为政教平衡的一个症结。在过去的20年间，富有创造性和理想主义色彩的传播行业与不断攀升的利益期待值之间的矛盾不断深化。”

桑福德说：“过去，传媒公认的适当利润空间是15％。为了给华尔街的分析家、各行投资商，以及遍地都是的随身带着投资意向书的经理人留下深刻印象、吸引风险投资，这个行业也变得唯利是图了，把利润空间推向20％甚至30％。公司管理人员对本行业的核心——传媒产品——进行决策，这些决策可能引发新闻良知的高度敏感，也可能令产品的质量和人们的士气一同低落。”除了新闻工作者之外，再没有什么人大声疾呼，告诫公众：在经济的强势力量下，传媒正在走向堕落——因为它们只想看到往上攀升的财务报表。

政论专栏作家沃尔特·利普曼（Walter Lippmann）说，自由的媒体“应该由许多报纸组成，由经营者拥有，独立于资助人之外……在他们的圈子里，自由媒体是他们撰稿、写作和阅读的地方”。

利普曼是20世纪中叶杰出的代表人物，但是他没有活着看到——到

1983年为止，媒体已经只余下50家了；如今，主要的电视台、电台、报社都集中在几家大公司手中，独立的声音越来越小。

这就是2005年美国公共广播公司、全美公共电台等几百家公共广播、电视台与美国国会激烈论战的原因，它们处于被削减25％的预算，也就是联邦政府删减100万美元经费的危险中，但到最后，还是国会那帮聪明人取得了胜利。

国会要削减专为孩子们开设的教育节目的经费——《大鸟》就是这么被灭掉的吧？卫星传输、数字信号技术的提升等，都是他们削减公共广播电视预算的借口。

早些时候，《纽约时报》曾披露美国公共广播集团的主席肯尼斯·汤姆林森（Kenneth Tomlinson）秘密聘用了右翼的国家新闻中心的前任成员弗雷德·曼（Fred Mann），让他关注公共广播公司的“自由派倾向”，特别是注意比尔·莫耶斯和全美公共电台的戴安·雷姆（Diane Rehm）。汤姆林森说他的目标是“通过消除自由派的偏见，回复平衡，以达到强化公共广播力量的目的”。

为了与专家级评论家达成和解，保持新闻、科学和纪录片节目的独立性，美国公共广播公司并未理会保守派，也未把他们的意见观点边缘化，但公布了新的编辑标准，并在节目播出之后准备聘用一个问卷调查员，对那些引起争议的节目进行公共调查。该公司不播放商业广告，虽然大多数节目都是商业公司制作的，由此得到了公众的信任；额外收入还来自观众的资助。

2005年6月21日，《华盛顿邮报》的跨页广告版中，资深记者比尔·莫耶斯写道：“我们这些制作公共广播节目的人并不排斥商业电视节目。我们自己也把这些节目转化为新闻娱乐节目。我们知道这将有利于满足不同人群的需求，这是保持社会活力的一种方式。不管怎么说，我们处于一个资本社会里，市场的产品和服务都非常丰富，而电视节目也属于市场的产品。这些东西是可以买卖的，节目也同样可以买卖。但是公共电视节目可以实现一般商业节目无法实现的目的。从一开始，我们就认为应该有一个不含任何商业色彩和价值的频道；这个频道不涉及任何经济生活内容，不是为了尽可能取悦多数人，不是为了尽可能做广告，不是为了尽可能卖东西；这个频道——

至少有一个这样的频道，节目制作者的成功与否不由观众来评判，而是根据他留给这个社会的印迹和影响来评判。” 莫耶斯这番话是在自由新闻（Free Press）—— 一个致力于民主与媒体社会责任感的无党派公民组织的一个活动——里说的。

布什政府也曾设法控制广受尊重的美国之音（Voice of America）——其实这个机构也一度为自己身为官办新闻机构，但依然有很高的新闻水平而自豪。政府试图把这个机构变成面向中东等地区的宣传工具。此外，为了跟颇受欢迎的半岛电台竞争，美国政府在中东赞助开办了两个阿拉伯语电台。

在保守派和自由派较量的背景下，2005年中期，由一个喜剧演员和阿尔·弗兰肯共同创办的美国空中广播电台①与其他70多家电台在美国中部地区和一些主要城市渐渐立足——虽然目前它们还存在经济压力。就连广播巨头克来尔频道（Clear Channel）都对批评它一边倒的意见表示了妥协——这些意见称其旗下的电台就布什的保守政策和伊拉克战争的评论发表了自由派观点。

2004年，美国“卓越新闻项目组织”主管罗森史蒂尔公布说，22家公司掌控了70%报纸的发行量；在地区性电视台中，10家公司拥有的电台、电视台覆盖了美国85％的人口；至于互联网方面，最受欢迎的20多个新闻网站，超过半数属于20多家最大的传媒公司当中屈指可数的几家。该组织还说，相较于1990年，报界雇员少了很多，这一趋势在美国和欧洲都在加强。20世纪80年代以来，广播电视网的通讯员、记者人数在传媒界减少了1/3，电视台驻外机构也减少过半；在1994年到2001年之间，全职电台新闻雇员人数减少了44％；由于经济衰退和技术进步造成人员需求的减少，在近五年当中，所有的媒体都在裁员。

媒体合并使得各方观点越来越集中，乃至趋向一致，而那些还在扑腾的幸存媒体为了生存，在这个一报横行天下、政治保守、娱乐消息当新闻卖、随时可以通过手边的电脑查询信息的时代，必须面对更激烈的竞争。博客写手在为上百万的读者提供有趣的文章和专栏时，也加入了自己的观点。在我看来，他们当然不能算新闻记者，他们只是在表达自己的观点，因此所写的

①属美国电台网，这是自由派的媒体，但听众不多。

东西无法达到新闻公正的水平。

美联社是美国最大的有线媒体，给其他媒体提供信息。为了适应这个变化多端的时代，它也遭受过一些挫折。2005年6月20日的《纽约时报》发表了一篇文章，指出一些合并的新闻媒体宣称它们已经重建了国际合作模式，结果，许多驻中东和欧洲的资深记者纷纷离开。针对收视率下降的情况，电视、互联网也采用了类似的方式。最后其实都是为了钱。在美国国内，美联社考虑在互联网上转载那些已经发表过的文章，这将给已然觉得负担过重而仍坚持经营的发行人增加经济压力。

英国路透集团旗下的路透社决定，通过互联网在特定领域提供多媒体服务，以期打造一个忠实可信的品牌，从而在日渐增长的互联网广告市场中得到一定的份额。它以为投资者和商人提供财经和技术信息而著称。该公司认为："互联网比任何一家出版社或广播公司提供的东西要多得多，这是一个向世界展示路透社之所以成其为路透社的机会。"路透社有150多年的历史，可是在美国还没有达到家喻户晓的程度。

近年来，其他行业的合并对报业经济造成了冲击。其中一个案例是20多年前一个杂货店被百货商店兼并的故事。一个商店买断了另外一个商店，那意味着原来两个广告客户变成了一个，报纸因此少了一半的广告费。比如说，报纸专门刊登食品广告的专版会因为报纸做"周末特价"专刊而"缩水"，或干脆就改版了。这样的事情在全美各地的中小型报纸上时有发生，甚至比比皆是。

更严重的问题是，20世纪80年代以来，杂货店和百货商店就不再做广告了，这本来是零售广告收入最主要的两大来源。根据最佳新闻工程的信息："随着这些小商店倒闭或者被兼并，另一种折扣店，比如沃尔玛、百思买等如同雨后春笋一样涌现出来，迅速取代了它们。这些店很少或者根本不做广告，存在了十数年或者数十年，这对于报业而言真是一种长期的压力。长远看来，报业也必须尝试把自己转化为能为客户提供互联网或其他机构都无法超越的多功能服务媒介机构。它们必须提供兼具广度和深度的信息，达到其他媒体无法达到的综合水平。"

其他独立专版，比如图书介绍、舞台艺术、音乐、电影评论以及读者回馈的版面相应“缩水”，然而幽默笑话、政治漫画的版面却没有削减，因为美国人喜欢幽默，当然，体育的版面也不会减少，因为毕竟很多人关心体育。

而财经版则压缩掉了股票专栏，把这些内容搬到报纸的网站里去了。2001年，新泽西的《纽瓦克明星报》（*Newark Star-Ledger*）因为砍掉了3个版面，一年当中整整节省了100万美元。

《编辑和出版人》（*Editor & Publisher*）是个行业杂志，他们认为读者同互联网报纸的互动更积极，因为经济快捷，在网上，股票走势表、分类广告、电视节目时间表甚至球赛运动计分都一目了然。

过去有人说计算机是新新人类的玩意，65岁以上的人不会去尝试，因为他们觉得操作起来太复杂。这样的观点在这个信息时代显然落伍了，因为计算机越来越普及了。

“新闻机构对未来抱有恐惧心理是很普遍的事。”在《媒体》一书里，编辑兼学者约翰·凯里（John Carey）和南希·希克斯·梅纳德（Nancy Hicks Maynard）说：“20世纪90年代中期，报业害怕微软公司会买断新闻业和广告业。毫无疑问，能这样做的人，非比尔·盖茨莫属。但是，威胁最后自动消失了。因为盖茨也发现了发行人们了解的真相：新闻、信息和广告业，都是很难缠而且开销巨大的行业，很难拿下，于是微软就知趣地引退了。”

媒体的合并、联营还会继续进行，凯里和梅纳德说：“在短期内，合并的结果会很混乱，如同新技术应用的初期阶段一样。但是，合并可能造成的新闻雷同化，会渐渐压倒多种声音所形成的活跃的民主氛围。原来新闻编辑室和营销部之间存在着的不可逾越的界限，如今已经消失了。老一代和新新人类之间形成了更新更深的代沟，老一代继续看报纸的每日新闻、看电视新闻，而新新人类则看有线电视、上网、阅读特定的杂志。”

凯里和梅纳德总结说：“在众所关心的重大政策上，美国公众已经找到了一种在正确的时间寻求正确答案的方法。”每当涉及决策的时候，如果我们昏头昏脑，历史会提醒我们，必须时刻保持清醒。记者和新闻机构的核心作用就是为民众提供有关人和事的准确信息，哪怕技术的升级换代带来一定调整，这一作用是始终不变的。技术和商业力量可以决定新闻的传递和接收方式——并不一定每次都会造福于社会——但在民主的环境里，专业和敬业的新闻记者仍拥有一定的空间，决定用什么质量的作品和怎样的方式去满足公民的需求。

因此，媒体还是会一如既往地继续生存于民主制度下，但是，时代与环境的变化使得它们必须与时俱进地自我调整，才能继续生存下去。

# 第八章　美国联邦通信委员会——公正、平衡？

如果说报业是一门生意，那么广播电视就更是如此了。利润——而不是对民众知情权的关注——主导着整个行业，原来的公平原则被抛诸脑后。（这里说的“公平原则”指的是广播电视给予各种不同观点以一定的时间、在同一节目中回应的权利。自由派正在推动立法来打压保守派的广播媒体，保守派则认为这违反了新闻自由原则。这是目前美国非常有争议的提案）娱乐是这个行业的别称，只有国家遭遇巨大灾难的时候，娱乐性才暂止。而近年来美国政府规则的放松，使得联邦通信委员会的权力日益衰弱。

美国各种管理法案给社会、政治、经济等方面都带来影响，尤其是在政府的活动涉及《第一修正案》和言论自由的权利的时候。世界各地的政府都曾用控制广播媒体的手段方式来将自己的理念教义灌输强加给民众。比如，苏联的官办媒体就利用权力完全控制了信息流通，其控制的严密程度可谓前无古人。

与此同时，美国政府出台合理的相关法规条例无疑是很有必要的。比如说，在传统的广播中，频宽非常有限，电台的波段频道覆盖面必须得到公平合理的分配。由此可以推断，这种限制可以影响到言论自由的程度——最后会导致色情和煽动仇恨节目的出台，也可能导致新条例的出现。 因为广播电视的普及，实际上已经涉及每个美国人，因此，这些条例就变得格外重要——这已经不仅仅是一门生意了，它与每个人的日常生活息息相关。

美国联邦通信委员会通常缩写为FCC，经美国国会讨论成立于1934年6月19日。它的宗旨是："以适当合理的价格和公平、快捷、高效、便利的方式，在全美乃至世界范围内为全美人民提供有线和无线广播通信服务。"在富兰克林·D.罗斯福总统的支持下，它成立于新政时代。该委员会权限很宽，管辖范围覆盖50个州和地区，可以直接向国会递交报告。联邦通信委员会至今还能够制定通信行业有关条例的权力就源于1934年的《传播法案》（*Communications Act*）。

最初，委员会有233名雇员，专职协调州际商会、联邦广播委员会原来制定的管理条例之间的矛盾，还要协调与邮政部长的关系，但在通信传播业出现之后，委员会就被分权了。《1934 年法案》规定，该委员会设7个常委，由总统委任，参议员批准，专司联邦通信委员会的日常工作。

如今，委员会已经有1900多名工作人员，原来所辖的通信产业权限范围因1962年的《通信卫星法案》得到延展。该法案使委员会的权限涵盖了广播、电视、电报、电话、卫星通信及有线电视等方面。

1983年起，该委员会常委的人数由7人减少到5人，他们依然由总统委任，参议院批准，5人中只有3人可以来自同一党派，这5人不得从事委员会权限范围内的产业，也不得与之有任何经济方面的瓜葛。总统从5人中指派1人为主席，这5个人（包括主席）的任期5年（因有人未到期满就退出而补缺的除外）。

一般来说，新一届总统选出来之后，原来的联邦通信委员会主席会自动辞职。主席的权力很大，他有权决定机构的章程和执行方式，还有权指定下属各个部门的主管。因此，原本看似没有任何党派色彩的机构就可能政治化了——当然，这取决于主席的性格和理念，打白宫任命生效那天起，他就跟通信行业结下了不解之缘。

1934年的《传播法案》经历了多次修订，这些修订大多是为了适应通信技术的进步（比如电视、有线电视、卫星传输及移动电话等传播方式的产生）。如今，其他联邦机构有时也可以享有针对新技术的放松政策，但其实原始的通信传播法案给委员会的权限已经够宽了。

Reilly，福克斯新闻台著名主持人，在电视脱口秀节目中多年居首位）和拉什·林博（Rush Limbaugh，美国最热门的电台脱口秀主持人）几乎把持了电台，完全不在乎自己的节目一面倒。实际上，1993年，美国国会试图讨论恢复公平原则，结果林博和他的支持者集会反对这一“仓促草率的决策”。这看起来很荒谬。拉什·林博和他喜欢的人当然可以上节目，但在一个民主的社会，对于知情的公众而言，能够交流思想是最高的原则。我们有义务让人们有机会交流，提供多于一个的观点和意见，不能一言堂。我后悔把林博他们视作记者了。

如果我们继续只呈现一种声音而屏蔽其他声音和意见，结果就会每况愈下。没有知情的公民，就不会有一个运作顺利的民主社会。知情权包括知道来自多方面的意见。如果没有展示不同观点的需求，那么还有什么能抑制个人的权力欲？有什么能让政府意识到全社会传播的只有他们的那套哲学？电波是有限的，在有限的电波中还要限制信息，此举的危害是显而易见的。福克斯公司利用自己的口号，自诩“平等、制衡”，但他们倾向政府的保守观点经常受人炮轰。

2004年总统大选前几天，全美听众覆盖率达到25％的辛克莱电视广播公司，泄露了他们准备在所有的子公司播放反对克里（竞选人之一）的纪录片的打算，结果引起众怒，他们被迫屈服了，广告商联合抵制他们，导致该公司股票下跌。

辛克莱电视广播公司的尴尬也揭示了当广播电视被少数人掌握，同时又加入政治权力的成分时，会带来怎样的危险。随着并购和集团化，媒体越来越集中在少数人手里，而这愈发将公平原则的重要性提升到新的高度，因为，媒体高度集中的结果就是，各个方面的观点表述高度集中，不可能多样化，导致观点受限——这便打开了利益争夺的大门。如果媒体的合并不是这样大规模的话，公平原则所受的冲击也就会相应地减弱一些——虽然公平原则的重要性不会减弱。与此同时，在这样的政治气候下，自由派的观点几乎完全被摒除，而“自由派”一词却被妖魔化了。

对于联邦通信委员会而言，保持媒体企业多样化应该是至关重要的。如毛瑞斯·欣奇所说，媒体集团化“对于美国民众而言是非常棘手的：是否让

极少数人参与决定让我们得到什么样的信息，对于我们作什么样的决定起着至关重要的作用”。

所有媒体都被掌控在少数公司手里的情形是难以想象的，它对思想和观念的传播将有灾难性的影响。试想一下，福克斯这样保守的公司如果掌控了大部分市场，或者美国空中广播这类有自由倾向的媒体占了绝大多数的话，将出现什么情形？民众就没有机会把自己的想法表达出来，观点不一致的人无法互相了解、分享和沟通——因此，他们不可能成为知情的选民。这对民主构成的威胁就很明显了。

关于媒体所有权，联邦通信委员会的历史上有过不少法规。“七台原则”限制了一家公司能够拥有的电台、电视台的数目，对多头产权或交互产权也有限制。但是，1985年，该委员会开始调整许多相关规定。根据其偏袒企业的原则，委员会每次都会以新技术（比如有线电视、互联网）发展为理由，调整原来针对报纸、电台、电视台的法规政策，因为现在新闻不完全由报纸、电台、电视台统辖了。

然而，2005年6月13日，美国最高法院却拒绝审理一个地方初级法院针对该委员会的判决——该法院判决，2003年联邦通信委员会制定的相应放宽媒体所有权的有关规定，无法让公众满意。该委员会颁布的新规定，令各大公司在同一个市场同时拥有收视率最高的电视台和发行量最大的报纸变得更加容易。此外，新规定还允许大公司拥有很多电台和电视台。

新规定生效了。美国上诉法庭三审判决称，该委员会决定一家公司在同一市场可以拥有多少家电台、电视台的方法是不妥的。但这些规定至今仍然有效。由于法庭对媒体所有权相关政策制定的干预无足轻重，很多人预言，联邦通信委员会可能另行起草一个与之相似的规定，以蒙蔽视听，转移人们对媒体集团化问题的注意。公众应该注意这一点。

美国的7个大公司已经控制了民众80％的信息来源渠道。如果联邦通信委员会继续修订有关媒体所有权的规定，可以想见，最后只能出现几个大集团控制整个媒体市场的局面。连美国有线新闻广播电视网（CNN）的创始人特德·特纳（Ted Turner）都说，新颁布的法规会“遏制辩论、禁锢新思想，所有想参与竞争的小公司都因此而没有入场的机会”。

佛蒙特州的无党派国会众议员伯尼·桑德斯（Bernie Sanders）谈到联邦通信委员会有关条例时作了一个总结：“这些条例将导致更少的媒体巨头掌控和决定美国民众所看、所听、所读的一切。那真的很危险，因为一个国家健康的民主机制有赖于多种意见的交汇和辩论。如果只有很少的公司控制这一切，你只能听到一种声音，只有一个集中意见。这不是党派的事，也不是意识形态问题了。所有的人都奋起反抗联邦通信委员会的新条例——从消费者到教会牧师及全美电视广播协会——因为他们知道这条例有多危险。如果有一天，我们早上醒来的时候，发现全国只有三四个传媒巨头把握着整个国家的信息流通，那就太可怕了。”

在20世纪的转折时期，西奥多·罗斯福总统曾为了民众挑战垄断的大公司。那时人们就知道，公共利益被牺牲在财阀巨富的祭坛上了。但是，今天，美国敢于提出广播电视应该属于不同业主的人在哪里？应该挺身阻止传媒巨头公司过度扩张的时候，国会的议员们又在哪里？

# 第九章 媒体中的哈巴狗

我所看到的那些令人不快的事情当中——保守派总是在电视媒体上晃来晃去、大出风头，报纸的发行量下滑，记者被监禁，假新闻等等——没有什么比在美国酝酿入侵伊拉克的时候媒体表现出来的谄媚逢迎让我更揪心的了。他们竟然全盘接受了白宫和五角大楼的意见——没有提出任何质询！

在“9·11”事件之后，他们才如梦初醒。

记者和编辑们喜欢把自己比作公共利益的看门狗。专业新闻机构有明确的指导方针和严格的入会规定。可是近年来，独立记者和他们所在的传媒都没有履行自己的义务。特德·史丹纳德，一个学者，以前是合众国际社的记者，这样表述：“当看门狗、猎鸟犬、牛头狗统统变成哈巴狗、癞皮狗、小黄狗（卑鄙无耻和阿谀奉迎的人）的时候，这个国家就有麻烦了。”

“9·11”恐怖袭击之后，在美国的政治气候之下，记者都知趣地俯首帖耳了。每当涉及国家安全以及经济利益，应该质询总统和白宫发言人的时候，他们噤若寒蝉，不敢提出任何尖锐的问题。

他们忘记了自己的信条——在政府官员心中点燃一盏长明灯，使官员们保持忠心。在伊拉克战争酝酿期间，记者们被各种误导性的信息和政府编撰的故事弄得晕头转向，结果这些东西被媒体当作了福音。

记者进行新闻报道的时候应该保证其真实性，编辑则应该保证其公正性。可是在战争期间，他们好像都在版面里加入了一些偏见。

随着战争的发展，部分主流媒体开始认真反省、忏悔，承认自己迷失了方向，保证今后使用不明来源的信息会更加审慎。他们还聘用了意见调查员来监督刊登出来的新闻，对自己随时保持批评和审视的态度，给记者施加压力，避免出现日内瓦·奥弗霍尔泽（Geneva Overholser）和凯瑟琳·霍尔·贾米森（Kathleen Hall Jamieson）主编的《媒体》中所谓的“游击队新闻”。

之前，媒体从来没有与政府如此气味相投过，而准备入侵阿富汗和伊拉克的时候，他们之间的默契达到了极致——媒体简直就成了白宫发言人的应声虫。同样让人悲哀的是，这些发言的内容既误导视听，又是虚假的。原本应该做质询人的记者变成了速记员。

评论家们觉得奇怪，为何白宫的记者如此安静？2003年3月6日，布什总统在新闻发布会上拿着稿子，很清晰明白地宣布美国准备打仗，两个星期之后将要入侵伊拉克，而白宫的记者竟然没有提出任何的问题。

一个女记者竟然说，很高兴看到一个因为要打仗而“新生的”布什！她问“你是否为挑起战火而祷告？”时，布什没有作任何正面回复，然后这事就此一笔带过了。白宫记者在公众的眼里就这么成了笑柄——在如此关键的时刻，记者投给总统的球竟然如此“绵软”！没有一个记者质疑：战争是否真的不可避免？更没有记者思考：作出一个如此猛烈决断的原因究竟在哪里？

无论如何，一路在敲着侵略伊拉克、推翻萨达姆·侯赛因独裁统治的战鼓的，正是全美最有声望的两大报——《纽约时报》和《华盛顿邮报》。它们竟然对有关大规模杀伤性武器的伪证毫不怀疑。白宫此举的后果就是，造成了一场付出极其昂贵的生命代价的悲剧——姑且不提它消耗了多少国家财政经费。

另一个问题是：为什么大家都不清楚政府没有信誉呢？

布什总统本人曾对外宣称希望获得“战争总统”之名。甚至在纽约世贸大厦和五角大楼的恐怖袭击之前，他的言论就应该触动一些怀疑者。实际上，在大选之前，他接受《休斯敦纪事报》记者采访时，就明确地说过，他要以“战争总统”之名载入史册。

《华盛顿邮报》比《纽约时报》更加好战，但是两家报纸都对政府的行为起了推波助澜的作用。《华盛顿邮报》添油加醋，大肆宣传发动这场借口为反对伊拉克独裁的战争的必要性。

原来深受信任的国务卿柯林·鲍威尔（Colin Powell）是布什政府的一枚棋子。2003年2月5日，他向联合国递交了一个关于萨达姆·侯赛因的兵工厂拥有杀伤性生化武器的报告，为此作了长达76分钟的演讲，为美国政府出兵巴格达铺平了道路。别的就不用多说了。凭借着鲍威尔的信誉和公信力，布什成功地推销战争。

鲍威尔是一个好兵，为了弄到足够的理由来发动战争，他往美国中央情报局总部跑了好几次，找写报告的材料。他把主子伺候得很好，可是却把有权知道甚至质疑真相的美国人民给蒙蔽了。

各大报纸对鲍威尔的演讲赞誉有加，甚至吹得天花乱坠，《哥伦比亚新闻评论》（*Columbia Jouranlism Review*）引述《华盛顿邮报》的话，说他的演讲内容简直无可辩驳。《纽约时报》则说他“给侯赛因先生留下了一个难以掩饰的小麻烦”，而所谓的确凿证据，就是大规模杀伤性武器。

布什政府连续两年一再强调这个说法，加上美国民众还没有走出“9·11”恐怖袭击的阴影，因此轻易相信了萨达姆·侯赛因确实拥有大规模杀伤性武器，而且和恐怖组织“基地”有关联，他对美国是一个威胁。

英国为了参战，宣传得更狠。托尼·布莱尔首相当政的英国政府干脆说，萨达姆有在45分钟内袭击欧洲和美国的能力——这一“事实”被布什政府反复强调。两个武器检查小组分别由武器检查官戴维·凯（David Kay）和查尔斯·迪尔费尔（Charles Duelfer）带领，来到伊拉克，花了数月和数百万美元，地毯式地搜索大规模杀伤性武器，结果两手空空而返。

你听到布什政府为此道歉了吗？当然没有！他们只是换了战争的理由——好几次了。最后一次的理由，也是他们坚持到底的理由是，美国要到中东地区传播民主。

媒体对武器搜索无功而返也保持了沉默。有几家报纸就此在头版刊登了文章，可是仅仅持续了一天。哥伦比亚广播公司电视台驻伦敦记者、《坏消息》撰稿人汤姆·芬顿（Tom Fenton）说，《纽约邮报》显然认为这不算什么新闻了。

自从在伊拉克非常规性武器的搜索行动无果而终，柯林·鲍威尔的光环就消失了。此后，他再也不提在联合国的那次演讲了，但报纸还是在不起眼的版面上狡辩了一番。而对鲍威尔耿耿忠心的回报则是，布什第二任期间，康多利扎·赖斯取代了他的位置。离开布什内阁之后，鲍威尔没有沉默太久。在美国广播公司电视台的访谈节目中，他告诉芭芭拉·沃尔特斯（Barbara Walters），在联合国那次演讲，是他事业生涯中一个令人痛苦的污点，而这个污点将伴随他走完余生。

没有大规模杀伤性武器。没有与恐怖主义者的联系。没有对美国的威胁。没有道歉。没有解释。没有恻隐之心。在这样的情形下，美国民众被告知，在巴格达的战争是为了给整个中东送去自由和民主。布什转眼间就改变了战争目的的理由，对此他似乎没有一点良心不安。

当然啦，这对驻伊拉克美军是很重要的支撑。记者们则在政府的指引下奋勇前进了。如果行动不到位、达不到政府预期的话，那就是“不爱国”。整个美国为媒体的盲目信任付出了沉重的代价。美国政府从来都是厚颜无耻的，他们就这么肆无忌惮地开着坦克冲进了沙漠风暴。其时，没有记者胆敢就他那不堪一击的入侵理由提出质询。

我关心的是，为什么这些媒体这么容易受骗？他们真的认为一个超级大国就能如此轻易地侵略一个第三世界国家吗？为什么华盛顿记者团会抛弃他们刨根问底的质询传统？为什么媒体会变成取悦这个骗子政府的拉拉队？

在华盛顿新闻界里，是否没有人敢站出来说一句真话了？许多专栏作家和编辑都好像被买通了一样，一致站在布什一边，说伊拉克政权应该易帜——因为萨达姆·侯赛因杀害了几千个伊拉克同胞，所以他应该下台。

2004年8月20日，论坛传媒公司的编辑罗伯特·C.科拉（Robert C. Koehler）在《圣弗朗西斯科纪事》写的专栏文章里总结说：“我们的纸媒的龙头老大《纽约时报》和《华盛顿邮报》先后进行了反思。去年，也就是在伊拉克战争之前的那些失实误导性的报道，蒙蔽了整个国家，以至于‘铸成大错’。”

科拉很肯定不会有人愿意代人受过：“当战鼓敲响的时候，媒体随之起舞。就那么简单。”他最后写道：“报纸并不因此而愧疚——充其量是刊登出来的报道内容没选好而已。”

《华盛顿邮报》的评论员霍华德·库尔茨（Howard Kurtz）说他要写一篇3000字的文章，回顾《华盛顿邮报》如何报道伊拉克战争，让报纸学着避免做事后诸葛亮。

“管理层里没人叫我写这篇文章，”库尔茨写道，“但是作为一个纸媒的记者，我觉得，新闻编辑室内外都还有太多悬而未决的问题，特别是《华盛顿邮报》战前有关大规模杀伤性武器的报道对社会的影响，应该有个深度的评析。”

库尔茨写道：“对主流媒体最愤怒的莫过于自由派了，尤其是强烈反对入侵伊拉克的人，看到整个国家几乎所有的精英媒体都曾助纣为虐、为布什总统发动战争煽风点火，更是怒不可遏。”

库尔茨承认：“对伊拉克战争的宣传，政府有一套前后连贯的模式，月复一月地把他们要强化的内容放在《华盛顿邮报》的头版，而那些发人深思的报道，虽然记者时有怨言，却都被放到‘鸡肋’版面上去了。”

“总而言之，回想起来，我们只是很含蓄地隐藏了那些让人产生怀疑的报道文章。”《华盛顿邮报》的主编小伦纳德·唐尼（Leonard Downie Jr）如是说。

科拉在评论文章里引述了唐尼的抱怨：那些批评意见“给读者一种错觉——如果当初的报道不是那么写的，就不会发生战争了”。也许唐尼应该重新读读战前《华盛顿邮报》要求尽快袭击伊拉克的那些文章。

他当然明白媒体的影响力以及美国当局因得到《华盛顿邮报》的支持而感到的欢欣。毕竟，这是一个有大量读者和国际性影响的媒体。唐尼承认，那些让人起疑的报道方式、彻头彻尾的假造以及抄袭而来的文章，动摇了公众对媒体的信任。

他说《华盛顿邮报》和其他新闻机构一样，正在重温报纸“准确、公正、与信息来源和读者保持良好的关系”的策略，研究如何“用确实可信的信息改正我们的错误”。

唐尼写道："此外，我们要在新闻方面抢先，但是，我们也要准确。"他保证"刊登报道的时候尽量了解信息源"。

2004年5月26日，《纽约时报》刊登了一篇类似于"自我批评"的文章，向读者道歉：2003年入侵伊拉克之前和美军占领伊拉克的早期，"本报错误地刊登有关大规模杀伤性武器的报道"。

而与之竞争的《华盛顿邮报》却没有道歉，《纽约时报》的编辑说："读者、其他报纸的记者和反战的政客都曾经争论说，报纸那么长篇累牍地刊登萨达姆·侯赛因有可能制造了大规模杀伤性武器的报道，在很大程度上帮了主战的布什政府的忙，他们如愿以偿地发动了战争，但实际上根本没有大规模杀伤性武器。"

"过去的一年里，对于美国入侵伊拉克整个决策，媒体一直扮演着事后诸葛亮的角色，"《纽约时报》说，"我们也看到了官方欺骗夸大的本事。而这一年，也是我们自我审视的一年。"

后悔不迭的编辑说，他们真希望事前对"来自伊拉克的揭秘者、伊拉克的变节者、寄希望于政权更迭的流亡者提供的情况采取更加审慎的态度。在公众讨论过程中，这些人的可信度一度随之提高"。

《纽约时报》在一个特别的公告里告诉读者，各级编辑"都应该挑剔记者交上来的报道，把自己的怀疑尽可能地指出来，而不是急于刊登出去"。

《纽约时报》的记者朱迪丝·米勒（后来因瓦莱丽·普拉姆事件被监禁），据说就非常信赖伊拉克的叛逃者阿玛德·查拉比（Ahmad Chalabi）。其实他受雇于五角大楼，而在此之前，他是约旦的银行家，资产达数百万美元。米勒写了很多有关伊拉克拥有非常规性武器的头版报道。

美国入侵和占领伊拉克之后，查拉比承认他关于伊拉克大规模杀伤性武器的有些说法并不准确，但他吹嘘道，至少他实现了让美国军队进入伊拉克的目标。尽管撒了谎，他后来还是当了伊拉克的石油部长。

《纽约时报》时政版编辑盖尔·柯林斯（Gail Collins）接受《哥伦比亚新闻评论》采访，被质询媒体鼓吹战争的原因时说："我得承认，我希望当初自己知道大规模杀伤性武器并不存在。"

而《洛杉矶时报》时政版的编辑珍妮特·克莱顿（Janet Clayton）说得

更好：“要是那时候，我对鲍威尔在联合国作的大规模杀伤性武器演讲存几分疑心就好了。”

记者们日复一日地守着白宫或者五角大楼，当政府鼓吹战争的时候，他们有机会单刀直入地提出质疑，但是大多数的记者只是附和，而不敢向布什的发言人阿里·弗莱舍和斯科特·麦克莱伦（偶尔也有机会向总统）提出尖锐的质询。

当时战争无法避免的舆论气氛也许影响了记者，但是我认为政府要为许多事情作出解释。当然，报纸不应该承担所有的责任。美国有线电视新闻网的战地记者克里斯蒂娜·阿曼波（Christiane Amanpour），曾批评她所在的电视台没有就大规模杀伤性武器的信息提出更多的质询，她把这归咎于美国有线电视新闻网与福克斯公司的激烈竞争，而福克斯在政府高层有内线。

汤姆·芬顿（Tom Fenton）也强烈控诉了有线电视根本无视驻外记者关于伊斯兰激进派敌意的多次提醒。芬顿在中东地区当了多年的记者，他希望电视台支持他去采访本·拉登，可是哥伦比亚广播公司对此不感兴趣。

《民族》杂志上刊登了两项关于媒体支持政府入侵伊拉克的无记名投票结果，这些结果让人非常痛心。其中一项调查是《纽约图书评论》（*New York Review of Books*）的迈克尔·梅森（Michael Massing）作的（最早刊登于2005年2月26日），另一项出自《哥伦比亚新闻评论》的克里斯·慕尼（Chris Mooney）之手。这些调查活生生地展示出白宫记者团面对政府企图发动战争时那种怯懦、轻信的嘴脸，他们“创下了媒体谄媚驯服的新纪录”。

梅森对奈特—里德报业华盛顿办事处给予了高度的评价——他们基于“军队、政府情报机构、外交官员的怀疑和恐惧，其中很多人都相信白宫有意误导公众、伪造伊拉克好战的证据”的前提，作了很有分量的尖锐报道。

对于在战前没有就大规模杀伤性武器的证据以及伊拉克与恐怖主义的联系对政府提出质疑等事，媒体已经道歉，但它们还是再次失手了。2005年5月1日，英国伦敦的《泰晤士报》（*Times*）披露了所谓的《唐宁街备忘录》曾经描述的一次英国首相托尼·布莱尔及其高级顾问就布什进攻伊拉克问题而召开的绝密会议。在会议过程中，刚从华盛顿回国的英国情报机构前任主管理查德·迪尔拉夫（Richard Dearlove），把两国国家安全机构进行了比较，并告诉布莱尔：布什总统“要以恐怖主义和大规模杀伤性武器为借口，通过军事行动来消灭萨达姆，但是，情报和事实是根据出兵伊拉克政策的需要而‘量身定做’的”。

美国政府对这篇报道的事实没有任何否认或回应。2005年6月上旬，布莱尔和美国总统会晤，双方都就此绕圈子，声称开战之前向联合国安理会提交了反对萨达姆的议案。而联合国的态度并不明朗。很显然，在很多个月之前，战争就已经在布什和布莱尔的议事日程里了。其实，布什还没有入主白宫的时候，他就有入侵伊拉克的明显企图了。而最令人费解的问题是，为什么他这么“惦记”萨达姆？

由于博客写手和读者的讨论，《唐宁街备忘录》产生了轰动影响，但是主流媒体一直压着，不发任何信息——直到再不表态便会出现尴尬局面的时候。《华盛顿邮报》说这已经是旧闻了，在战前数月就已经发生了。此外，国际版的编辑戴维·霍夫曼（David Hoffman）说，这份备忘录出来的时候，离英国大选很近，报社没有人手去进一步跟踪调查。

事后，报纸确实刊登了有关的报道，但那是在10天之后，而且是刊登在不起眼的版面上。

《洛杉矶时报》时政版的编辑迈克尔·金斯利（Michael Kinsley）认为，布莱尔的秘密会议不是战争的信号。金斯利觉得在真正亮起战争的绿灯之前，那并不能证明布什在一年前就决定要入侵伊拉克了。“没什么好大惊小怪的。”金斯利说。

《纽约时报》在英国大选的前几天，才看到加急送来的备忘录，然后把它放在很靠后的版面上。《纽约时报》的华盛顿主管菲利普·陶布曼（Philip Taubman）说，从战前宣传准备的角度来看，“这不算是晴天霹雳的事”。

《今日美国报》则质疑：为什么在英国大选之前4天爆出这条新闻？该报也没有提到上述备忘录，也无法通过自己的渠道得到这份文件。

全美公共广播电台的意见调查员杰弗里·多沃金（Jeffrey Dvorkin）说，它“似乎是一份美国人早已料知的情况的证明，但它确实是一份不同寻常的备忘录”。

美国众议员约翰·科尼尔斯（John Conyers）后来参与了清算，他拿着一份有56万人签名的请愿书来到白宫门前，要求总统对备忘录涉及的战前情报机构，以及入侵伊拉克的计划作出解释。

“没有尽职地及时披露大规模杀伤性武器和入侵伊拉克的真相，反倒进行鼓吹民心煽动战争的报道，向美国民众作了失实的宣传……我们是不是还应该继续对有关事件作跟进的报道，将功赎过？”科尼尔斯在阿瑞安娜·休芬顿（Arianna Huffington）的博客上说。

2005年年中，一份由皮尤研究中心（Pew Research Center）作的关于1500名美国人的调查报告发现，大多数人对新闻媒体不满，认为新闻媒体“过多针对美国”的人数正在增加。皮尤说，这个调查表明，美国人的政治倾向分歧越来越明显。

新闻媒体在促成伊拉克战争中所起的作用——至少是它们的沉默，让我马上想起了揭开水门丑闻的日子。白宫记者团意识到他们在关键时刻都处于昏睡状态，不然他们本可以作深度调查报道的，但是他们这些总统跟班，却没有时间发掘事实的真相了。他们知道错失了水门事件的很多线索，因此决心对白宫提供的每日简讯多打几个问号，而不是一股脑儿地接受。他们正是这么做的。白宫新闻发布室变成了龙潭虎穴——没有什么是可以根据表面的价值接受的。福特总统的新闻发言人罗恩·内森（Ron Nessen）和后来的卡特总统的发言人朱迪·鲍威尔（Jody Powell）都遭遇过一度清醒的媒体的挑战。

而今，新一代的记者出现在了白宫，他们面对的政府也跟过去的不同——“9·11”事件后，双方都在随着在世界范围内发展的恐怖主义而成长，他们都需要相互学习。

当白宫因为袭击伊拉克的理由和借口方面失去信誉之后，白宫的记者们开始觉醒了。然而，要面对和挑战那些总想文过饰非的政府官员时，他们还是太胆小。

作为驻扎白宫多年的合众国际社资深记者，我得到了每次在新闻发布会上第一个或者第二个提问的特权，除我之外还没有其他人得到过这份殊荣——对总统或者新闻发言人——我可以提出任何方面的尖锐问题。我认为，只要是我问到的，他们就有责任回答，向美国民众解释他们的政策和行为。

所以，当小布什总统说出以下的话时，我觉得可笑："我就是统帅，你看……我不需要向任何人解释原因。这就是当总统的乐趣。我不觉得我需要跟什么人作什么解释，我不欠什么人的。"

小布什告诉福克斯公司的新闻记者布瑞特·休姆（Brit Hume），他从来不看报纸，不听广播，不看电视，"得到新闻的最佳途径是通过客观的源头，这些源头就是我周围的人，他们告诉我世界各地发生的一切"。光从他仅仅允许只说"是"的人在自己身边这一点，就可以看出他有多嚣张。

小布什上任之后，我开始以专栏作家的身份为赫斯特报系工作，而不是有线电视的记者了。因此，我不再适合在新闻发布会上第一个提问了。然而，布什干脆把我从提问名单里删掉，所以，我就不能提任何问题了。

在第二任期间，他召开了更多的新闻发布会，通常只让少数记者参加，他们很少让总统难堪。那些问题都是可以预想到的，或者很容易回答的，总统对此早有准备。但是，随着事件的推移，记者们——架不住公众舆论的压力——开始向总统提出比较有深度的问题了，甚至向新闻发言人提出更有挑战和冲击力的问题。布什遭遇到把他逼得走投无路的问题的时候就会老羞成怒，暴跳如雷，然后说这是国家政府的最高机密，不能透露。

"海伦是第一个就入侵伊拉克积极地、尖锐地向总统提问的记者。"弗莱舍写道，他发表了伊拉克战争前后我与发言人之间交锋的部分问答内容。

2002年2月12日：

**海伦：**总统准备去打伊拉克吗？

**阿里：**海伦，如总统在国情咨文上所说的，总统准备采取一切必要的手段来保卫美国，保卫我们的盟友，保卫世界和平。我可以向你保证，我们所作的任何决定都不会偏离打击恐怖主义这个首要原则，总统已经直言不讳地告诉美国人民打击恐怖主义的必要性——不管恐怖主义藏身何处。现在，我们的关注焦点在阿富汗，但是总统很清楚，主动权不在我们手里，时机也不在我们手里，因为威胁来自反美的民族和恐怖主义。

**海伦：**他知道恐怖主义与伊拉克之间有什么关系吗？他有证据吗？

**阿里：**嗯，总统所说的邪恶轴心就是朝鲜、伊朗和伊拉克，总统所指的是它们——而不仅仅是它们对恐怖主义的支持，这是很明白的——它们就在恐怖主义国家的名单里，而且，它们制造大规模杀伤性武器，还向搞恐怖活动的国家输出技术和物质，提供大规模杀伤性武器。总统的确非常担心这些国家和恐怖组织结盟。

**海伦：**可是，我们也有大规模杀伤性武器呀，我们不会允许人家来检查我们的。

**阿里：**海伦，如果你认为可以把一个因为有了武器而成功地维护世界和平60年的美国和开展恐怖活动的国家的道德水平相提并论的话，我建议你立即重新审视一下你的思路前提。我认为二者不可同日而语。

2002年5月1日：

**海伦：**阿里，总统出兵伊拉克的理由到底是什么？我每天都看各种战争准备的报道，我承认，还没有具体的计划，但所有的高级政府官员，包括总统，在任何时候谈论的都是改变伊拉克的政权，理由是什么？

**阿里：**嗯，海伦，总统坚信，如果萨达姆不再统治伊拉克，伊拉克人民和整个地区都会比现在更好。

**海伦：**这道理也适用于别的许多地区。

弗莱舍继续说，在克林顿就任期间，国会就通过了要改变伊拉克政权的“解放伊拉克”议案。

2002年9月4日：

**海伦：**除了他（总统）认为萨达姆下台后伊拉克会更好这个原因，他有没有伊拉克制造核武器的计划、核导弹的确凿证据？或者能不能说说，伊拉克拥有核武器和以色列拥有核武器有什么不同？

**阿里：**首先，我认为把伊拉克和以色列相提并论是不公平的。

**海伦：**为什么？只不过是在谈中东的核武器嘛。

2003年1月6日：

**海伦**：在前几天的简报上，阿里，你说总统为那些无辜生命的丧失感到悲痛，是不是他对全世界的无辜生命遭遇不幸都一样悲痛呢？我要进行后续报道。

**阿里**：我特指的是特拉维夫的恐怖袭击杀死的几十个人，还有几百人受伤。总统昨天对以色列那些无辜的死伤者表达了最深切的悲痛。

**海伦**：我接下来要问的是：那他为什么要向无辜的伊拉克平民投炸弹呢？

**阿里**：海伦，这事关怎么保护美国和我们的盟友。

**海伦**：他们并没有袭击你。

**阿里**：……我是从国家的角度来说的。

**海伦**：那么，过去的11年，伊拉克人有没有招惹过你或者美国？

**阿里**：我想你已经忘记了第一次海湾战争期间因为萨达姆入侵（科威特）而死去的美国人了。

**海伦**：这是报复吗？时隔11年的报复？

**阿里**：海伦，我想你很清楚，总统这么做是为了防止战争，总统请求联合国维和部队进入伊拉克就是为了防止战争。

**海伦**：总统会袭击那些无辜的生命吗？

**阿里**：伊拉克人民被他们的政府所代表，如果伊拉克政权改变的话，伊拉克人民……

**海伦**：所以，他们就要被攻击？

**阿里**：实际上，总统的态度已经很明确了，他跟伊拉克人没有什么过节，美国的政策依然是改变伊拉克政权，跟伊拉克人民没有什么关系……

**海伦**：这应该由伊拉克人民来决定呀，不是吗？伊拉克是他们的国家。

**阿里**：海伦，你认为伊拉克人民有能力决定谁来统治他们的国家吗？我认为历史会证明这是不可能出现的。

**海伦**：我认为很多国家都无权为他们作出决定，包括我们。

2003年3月14日：

**海伦：**阿里，你可不可以帮我，也帮很多很多人问问总统，为了推翻一个人发起一场战争，他有没有衡量过双方要付出的人员伤亡代价？

**阿里：**海伦，这不是针对一个人的战争。这是一场战争，如果这场（5天前开始的）战争是为了改变一个由萨达姆·侯赛因领导的、有大规模杀伤性武器、可能夺走几百万个生命的政权，那么这就是美国要求萨达姆解除武装的原因。伊朗—伊拉克拥有大规模杀伤性武器，这是问题的关键所在。他们至今没有解除武装。

**海伦：**在他们暴露之前，你怎么知道他们拥有（大规模杀伤性武器）？我们已经检查过他们了，而且，很多国家都有大规模杀伤性武器，包括我们。

**阿里：**根据安理会1441号决议，萨达姆必须向联合国维和部队迅速无条件无限制地解除武装，但是他没有这么做。

**海伦：**你们还没有发现任何……

**阿里：**那并不能说明他们没有，海伦，那仅仅证明他有能力藏起来了。

弗莱舍在书中很不情愿地承认政府可能高估了萨达姆·侯赛因的“能力，但是我们不会误判他的企图”。

我也有机会跟弗莱舍的继任者——处变不惊、泰然自若的斯科特·麦克莱伦交锋。

2005年5月25日：

**海伦：**前几天，实际上就是这个星期，你说我们（美国）应邀去阿富汗和伊拉克，你是否需要对这个令人难以置信的歪曲美国历史的说法进行修正？

**斯科特：**不，我们确实是——现在我们还在那里呢——

**海伦：**在你们的信用已经到如此糟糕的时候，你怎么还这样说呢？

**斯科特：**海伦，我想在座的每个人都会觉得你离题了，现在，有两个民主选举产生的政府出现在伊拉克和……

**海伦：**我们是应邀去伊拉克的吗？

**斯科特：**现在在伊拉克和阿富汗有两个民主选举产生的政府，我们就是应邀去的，它们是主权政府，我们此刻就在那里——

**海伦：**你的意思是，如果它们要我们走，我们就会离开？

**斯科特：**不，海伦，我说的是此刻，我们应邀而去，它们是主权政府——

**海伦：**我说的也是此刻。

**斯科特：**——我们正在尽我们所能，为它们提供及培训一支安全部队，以维持它们自己的安全，让它们走向一个自由民主的未来。

**海伦：**我们有没有侵略那些国家？

**斯科特：**史蒂夫你来提问〔指向史蒂夫·霍兰德（Steve Holland），路透社驻白宫记者〕。

那段时间，我提问的时候一直希望得到美国广播公司电视台的优秀记者山姆·唐纳森的支持，他确实这样做了，我也为他和其他勇敢的记者做了同样的事。

然后，我意识到，那些过去我所认识的老记者，许多经历第二次世界大战，后来经历过越南战争，有历史眼光，而且看透了政府的种种恶行的记者，如今已经不在了。

作为新闻人，在强硬的外交政策氛围下，如果不跟政府站在一边，就可能被认为不爱国。

我真诚地相信，如果当初记者们紧盯着布什政府战争政策的缺陷，他们就很可能让这个国家幸免于痛苦，也可能避免让美国和伊拉克失去那么多生命。

记者可以忘记政党政策、尖锐地提问的时代，已经一去不复返了，就让这些闪亮碎片留在它们可能留下的地方吧。

# 第十章 驻伊拉克的外国记者——一切似曾相识!

在白宫记者室里面，没有一个记者不知道，在开战前近两年的时间里，没有什么能够阻止布什总统发动战争。编造故事，有意走漏消息，故意提供假情报——这都是新闻操纵的小手段。

战争即地狱。

所谓的伊拉克自由之战（Operation Iraqi Freedom）（其实就是2003年3月20日发起的入侵伊拉克战争）也不例外，而且它尤其糟糕，因为这是一场毫无必要，却夺走了数千个无辜平民、美国和外国士兵及记者生命的战争。美国入侵伊拉克，只是因为萨达姆·侯赛因所领导的伊拉克政府被我们认为对美国存在着安全威胁。而所谓的“威胁”是至今没有发现的大规模杀伤性武器。理由实在太牵强了——伊拉克跟超级大国对抗？这不是相当于婴儿跟成人打架吗？伊拉克因这次经济制裁而遭受重创。

这3年的战争似乎根本看不到“隧道那头的光线”——不知何时是尽头，这种感觉更甚于当年的越战。1975年越共宣布胜利的时候，有5.8万多名美国士兵，几百万的越南平民、部队士兵死于非命，48个美国及盟国的记者在印度支那殉职。

2005年中期，美国保护新闻记者委员会公布：在伊拉克战争开始以来，有41个记者殉职，其中2003年13个，2004年23个，2005年5个。最后的两年，死去的记者基本上是伊拉克记者，他们可以冒险走到离战场较近的地方，因为他们跟普通的平民比较像。

该委员会说，在世界范围内，2004年有56名记者被杀，到2005年中期，有18名记者遇害，1992—2001年这10年当中，有399名受遣出国的记者殉职。

美国派到伊拉克的记者人数远远超过了当年派到越南、老挝、柬埔寨的人数，其他方面也有很大的反差。当年在越南，如果有报纸的徽章记号，或者记者大声呼喊“记者”，就能够免于攻击，而在伊拉克，如果你让人看出是外国记者的话，危险会更大。在越南，记者和摄影师可以爬上直升机飞向岘港（DA NANG）——那里有个军方新闻传输中心，或者到大叻（Da Lat）中心高地和南部三角洲地带，去把他们所见所闻发送出去。当然，如同其他战场一样，越南也是个非常艰难和危险的地方，无论是生活还是工作，因为到处都可能是战场，但是在南方的大部分地方行动还是自由的，尤其是在有美国部队行动的地方。在巴格达，安全地带是美军的指挥部所在——他们认为是很安全的地带，可即便在那里，也有暴徒混进去，记者们遭到了好几次武器攻击。

前任美国指挥中心司令官汤米·R.弗兰克斯（Tommy R.Franks）将军两次战争都参加过，他在《美国大兵》中说：“在越南，我们基本上知道敌人的边界在哪里，我们可以到哪里去。在伊拉克可就不同了，暴徒处处都是，基本没有什么边界。”在越南，美国和盟军的部队只须适应丛林战。在伊拉克，则是城市战争，经常要面对的是巴格达路边的炸弹，还有人群密集区的自杀性炸弹，这往往是当地人最乐意选择的袭击方式。绑架和砍头在伊拉克战争早期更是常见的威胁。在越南，佛教徒经常以自焚的方式抗议战争，但是他们只是自杀，而不会拉上几十个无辜的平民跟他们一起殉难。

具有讽刺意味的是，在老布什的海湾战争时期，他就警告美国军队在科威特取得胜利之后，要避免接近巴格达，但是他的儿子在一次访谈中告诉记者，他听命于更高的“天父”。

回想起来，我真的很吃惊，在酝酿入侵伊拉克的宣传期间，白宫和五角大楼的那么多记者和摄影师都支持战争。记者们对即将到来的战争竟然很少表现出他们应有的质疑态度，而一股脑儿地听信了政府所说的一切。随着时间的推移，伤亡人员越来越多，越来越难找到愿去前线采访报道的记者了。在两年中，一直没有撤兵的战略和计划，记者们去伊拉克报道战争的狂热和激情蒸发了。在越战期间也一样，最早是1968年的泰德战役之后，然后是20世纪70年代早期美军开始撤兵的那段时间。

2005年5月9日的《洛杉矶时报》说，记者们日益意识到做战地记者的危险性了。美国有线电视新闻网、美国广播公司、哥伦比亚广播公司、美国广播公司全都认同了2000年成立的新闻安全联盟的宗旨。在这个前提下，《纽约时报》称："记者前往战地或者有危险的地方，必须以自愿为前提。"越来越多记者不肯冒险去伊拉克了——那里被总部在纽约的记者保护委员会认定为全世界五大最危险的地区之一。《纽约时报》引述英国《每日电讯报》国际版编辑阿兰·菲利普斯（Alan Philips）的话："我们还找得到志愿者，可是越来越难了。"

毫无疑问，战争之前，美国很多记者，主要是来自华盛顿的记者，都非常亢奋，跃跃欲试，期待着被选去当战地记者。那意味着每天都有机会写关于战事的署名文章——如果你还有命的话。

在越南，很多战地记者都因为报道战争而成名，比如：戴维·哈伯斯塔姆（David Halberstam）、内尔·舍伊罕（Neil Sheehan）、马尔科姆·布朗恩（Malcolm Browne）、乔·加洛韦（Joe Galloway）、彼得·阿内特（Peter Arnett），等等。看着记者随着伊拉克局势的解冻而得到怎样的名声，是很有趣的事。我怀疑，有没有那么多记者可以真正接近战场、写出人们关注的报道。那是跟越战不同的战争。在伊拉克的记者如果胆敢离开绿色地带，那就等于拿命去赌了。

回顾起来，真的让人感到惊讶，媒体竟然毫不怀疑地接受了有明显的侵略倾向的政府提供的虚假理由——仅仅为了推翻一个由独裁者统治、一个从来不曾袭击美国的独裁政权。这与当年侵略北越一样，这个小小的农业国也从来没有袭击过我们，但是那个时候，共产主义思想在自由世界里正在隐隐约约产生渗透作用，根据协议，我们负责保卫南越。美国军方和国会的好战派争辩说，共产主义如果控制了南越，那么在几个月内就会蔓延到整个东南亚。南越最后确实被北越共产主义战胜了，但是他们预言的“多米诺骨牌效应”并没有发生。

“忘记过去，历史往往就会重演。”20世纪早期的哲学家乔治·桑塔亚纳如是说。

2003年3月19日，白宫和五角大楼因为入侵了伊拉克而洋溢着激动兴奋的气氛。只是确切时间还是一个惊喜。第一颗炸弹爆炸以后，很多记者和摄影师被接到白宫里布什的椭圆形办公室跟前。记者问他发动了一场战争有什么感觉。布什说：“我觉得很棒！”大多数在场的媒体仍然没有问布什，为什么在除了英国和澳大利亚之外，大多数盟国都持保留意见的情况下，美国依然作出入侵伊拉克的决定。

在五角大楼，当时的国防部长拉姆斯菲尔德左右了新闻简报的内容——其中大多是战争的内容。他还洋洋自得地炫耀即将攻击伊拉克的导弹如何“让人心惊胆战”。

那段时间，拉姆斯菲尔德成了媒体明星，他时时高视阔步，神气十足。记者们对他的言论照单全收，依然没有要求他拿出伊拉克威胁世界和平的证据。在那个时候，拉姆斯菲尔德可以口无遮拦、肆无忌惮，爱说什么就说什么。那时候的媒体敢说啥呢？你敢鸡蛋碰石头吗？我们在准备打仗呢。

在越南和其他时间其他地点的战争中，新闻记者属于非战斗人员，属于免役的。而这次，美国人——无论你是什么身份，都跟在伊拉克参战的士兵一样，很容易招致别人的攻击。

《华尔街》杂志的记者丹尼尔·珀尔（Daniel Pearl），是第一批参战后不知道前线在何方，并为之付出最沉重的代价的记者之一。戴维·布鲁姆（David Bloom），美国广播公司驻白宫的记者，在坦克里因为血栓而死亡，《大西洋》月刊的专栏作家兼统筹编辑迈克尔·凯利（Michael Kelly），因为翻车身亡，还有很多其他记者在战争中亡故。

2005年6月18日的《华盛顿邮报》刊登了一封写给编辑艾丹·怀特（Aidan White）的信，驻比利时布鲁塞尔国际记者联盟秘书长批评美国对在美伊战争中身亡记者的情况秘不示人。

"美国报业工会和美国广播电视协会[①]要求布什保证，提交所有殉职记者的详细调查结果，"怀特说，"有时候，记者被杀了，根本没有存档文件报告原因及过程——通常就是这样的情形：对细节和过程秘而不宣，没有检查证据的报告，麻木不仁地耸耸肩表示遗憾，美国各级军官不需要负任何责任……而且，让军事部门去调查自己而又没有独立的司法评判，这是不妥当的。"或许最让人担忧的是，没有令人信服的调查，导致人们会怀疑美国军队是否攻击了记者。

怀特最后总结道，除非美国当局表态，会关注"对记者死亡的麻木态度，否则新闻界的愤怒和不平情绪不会平复"。

五角大楼新近宣布采取"记者随军"制度，允许记者跟随部队一起行进，让他们当开战的目击者。目睹了战争血腥恐怖的场面，记者们和美国大兵一样，感到非常不舒服，时时处于恐惧当中，难以入眠。

在安插进部队之前，记者要签订一个合约，这个合约对报道的内容、时间都加以限制。记者还必须同意不报道部队演习的细节、部队的作战计划，等等，这些信息可能给部队造成危险和威胁。有些受雇于美国或英国的新闻机构的伊拉克记者，不明不白就被关了起来，他们被指控企图帮助叛军。在巴格达的部队拒绝告知他们在哪里，或者被关押的理由。更有甚者，部队的指挥官随时可以宣布"熄灯管制"、中断卫星传输信号、限制记者的新闻播报。类似的限制在其他战争期间也有，尽管那时还没有今天这么先进的通信技术。越战期间，摄影胶片是通过飞机或轮船运输的，那时也没有手机。

"记者随军"制度是在1991年第一次海湾战争期间的"沙漠风暴"行动、入侵格林纳达及巴拿马之后，美国政府用来应付新闻媒体批评的一种对策。在其他战争期间，记者也曾被安插进部队，包括在越战期间，可从来没有这么大的规模——入侵伊拉克伊始，竟有600名记者被安插进部队。

2003年3月23日的《纽约时报》说，开战后5天，允许新闻记者到秘密简报编辑现场，可是不允许他们报道。

目前在哈佛大学索伦斯坦新闻、政治以及公共决策中心供职的马文·卡尔布（Marvin Kalb），过去是哥伦比亚广播公司的记者，他说，"记者实

①美国的工会和行会组织，通常代表记者利益。

时入编安插”制度对拉姆斯菲尔德而言，是一种极大的冒险，他希望以此来拉拢人心，取得美国民众的支持。

迈克尔·荷吉斯（Michael Hedges）是《休斯敦纪事报》的资深战地记者，他曾亲历“沙漠风暴”战役、波斯尼亚战役，目睹伊拉克战争的初期，他说他和同伴们一开始都相信政府出兵是因为大规模杀伤性武器。

“要是我不相信有大规模杀伤性武器，我就不会穿那45磅重的化学防护服了。” 荷吉斯说。他是第一批进入萨达姆·侯赛因的故乡提克里特的记者之一，荷吉斯说他对叛军的抗击力量感到非常吃惊。刚开始的时候，他以为在伊拉克抗击美军的只有萨达姆的忠实追随者，可是，数月的战争和流血证明，根本不是这么回事，很多抗击美军的是伊拉克人，他们还得到许多其他阿拉伯国家的支持。

开战几个月之后，跟随部队行进的记者越来越少了，因为维持战争报道的费用非常昂贵，要继续竞争的话，无论是报纸还是广播电视媒体都有点吃不消了。随着战地记者随行协定的结束，西方记者和摄影师的处境越来越危险了。

记者保护委员会的主任安·库珀（Ann Cooper）告诉《洛杉矶时报》：“当人们处于恐惧当中的时候，具有英雄主义时代色彩的报道就已经不怎么酷了。现在，人们对安全的考虑会更多。”

美国公共广播的国际部编辑洛伦·詹金斯（Loren Jenkins）说：“我们对记者的要求是很基本的，我们认为没有什么报道值得用生命去换取，我们宁愿电台没有报道，也不愿意死掉一个记者。”

不管怎么说，“记者实时入编安插”制度，至少在某一段时间里让媒体感到满意。媒体曾经犹豫，公众也一度揣度，“记者随军”制度几乎等于把媒体和军队放在同一条船上，是不是会把媒体变成军队的统一阵线，由此媒体会变成军队的宣传员、拉拉队？但是，最后这一切没有发生。

大体上来说，留在那里的记者人数并不太多，他们所在的新闻机构对他们能否活着回来的关心，甚于他们对这场战争的批评。有线电视广播公司承认，他们没有把那些让人毛骨悚然的镜头放上节目，政府没有必要对有线电视节目进行审查，在此之前，这些新闻媒体收集的内容已经被军方“消毒”

过了。然而，随着战事的推进，伤亡人数日益增加，伤亡数字开始产生影响了。

美国前国务卿柯林·鲍威尔离任之前说：“我们没有想到这场战争会这么激烈，会持续这么久。”

迈克尔·荷吉斯说，由于密集的炮火和新式武器的使用，加上对敌方的不了解以及宗教的因素，报道这场战争对战地记者而言变得非常危险。

站在记者的立场上，荷吉斯认为，被安插进军队的记者的独特之处在于他们要发出共享稿件。他说，他的独家稿件往往受到影响，因为他必须首先跟其他记者共享各自的材料，等他们发出了文稿之后，他才开始写自己的东西，他觉得随军有助于记者找到独家新闻。比如，有个记者跟随一个卡车队经过一座浅河上的桥时，桥塌了，这个倒霉记者的电脑、录音机和手机都掉进水里了。几个小时之后，他根据自己的回忆把报道写了出来。这是平时待在指挥部里所经历不到的。

还有很多记者和摄影师不依附于任何机构，他们被叫做独立记者或独立摄影师。他们不愿意受制于军队，只身去前线找报道和摄影的素材。

作家兼教师凯特·韦伯（Kate Webb）曾经在越战期间有过杰出的表现，她在柬埔寨时曾被监禁23天。她说：“最危险的不在真正的战场上。美国军队说，他们不能对自由撰稿人的安全负责。”

一个记者描述说，“在编”的记者就像正规军一样，而“不在编”的独立记者就像非正式记者一样，经常被关在采访会见的机会之外。

韦伯女士认为，那些训练有素的记者不会因为“在编”与否受到影响，但是把他们放进一个受限制的单位，或限制他们行动的话，就可能浪费他们好几个星期的宝贵的观察时间。而对于那些“初出茅庐没有经验的新手记者”而言，他们只能通过单镜片去看问题。

甚至拉姆斯菲尔德也承认，“在编”记者只看到了“伊拉克战争的小片段”而已。

“这是小片段，也是全部，”他说，“这就是战争。”

是的，的确，这是拉姆斯菲尔德的战争，一场没有为美国带来任何荣光的战争。然而，民主的谎言很快就会被拆穿。

乔·加洛韦（Joe Galloway）是奈特—里德报系的军事专栏作家，他是《我们曾是战士，我们也曾年轻》的作者。他说，五角大楼曾经编造了有关帕特·蒂尔曼（Pat Tillman）的神话——帕特原来是全美著名的橄榄球明星，他离开公众视线后入伍，被描绘成一个在战场上英勇牺牲的战士。但事后，有关部门承认他是死于美国人自己的枪下，有人说是同胞不小心走火了。

加洛韦也想起另一个解救英勇的二等兵杰西卡·林奇（Jessica Lynch，部队的勤务兵）的传奇故事——纯属虚构的故事，这个故事是开战前期出笼的。

她被描绘成“在受伤被俘之前打尽了最后一颗子弹”的英雄。加洛韦写道，事实的真相是，杰西卡·林奇因为翻车被撞得失去了意识而被俘，她从来没有发过一枪一弹。

事件的发展显示出哪些人更高尚，对真相更感兴趣。让蒂尔曼家族失望难过的是，他们不幸被同伴误杀的成员成为政府继续推销战争的象征。林奇在接受访谈的时候也透露了被俘的真相，以及在伊拉克的医院得到的良好待遇。

引人争议的战略影响办公室[①]（Office of Strategic）——或称假情报办公室——在公众强烈要求下解散后，五角大楼一意孤行地继续把假情报、杜撰的故事当作军事工具。加洛韦写道，在伊拉克作决策的司令官们，“把信息处理、心理战术和公共关系都归并到战略交流办公室”这是很让人发昏的事。

将新闻和心理战“并用”的一个事例是2004年5月的费卢杰战役[②]（Falluja Campaign）事件：有一个军事发言人在美国有线电视新闻网上很戏剧性地宣布，部队已经进入伊拉克城市了，但实际上，该行动在三个星期

① “战略影响办公室”是在“9·11”事件后建立的，其任务是加强海外宣传攻势，影响海外公众、尤其是伊斯兰国家民众对美国的看法，其方案包括向敌国和盟国的媒体发布假消息。最后因受强烈抨击而被迫关闭。

②费卢杰战役，是侵伊美军自占领巴格达后发动的最大单独战役，费卢杰几乎化为废墟，落入美军之手，美军称击毙武装人员1200人，自己阵亡38人，受伤320人。

以后才发生。

马克·马兹迪（Mark Mazzetti）在《洛杉矶时报》上说，他们很巧妙地利用心理战术，“小心翼翼地措辞”，为的是“欺骗费卢杰的叛军，好让美国司令官看到，如果知道美军进入该市，游击队会怎么反应”。

五角大楼战时使用假情报，已经引起了很多争议。然而，在不同的战争期间，为了达到欺诈敌方的目的，美国有线电视新闻网曾经重演过无数类似的事情——马兹迪引用五角大楼和国安官员的话说。

加洛韦30年前做过有关越战的报道，他回忆起每天下午5时的军事新闻发布会（被称为“五点钟骗局”）：美国人和南越方面把谎言、杜撰的故事跟真相混在一起，西贡（今胡志明市）每天都在指定的时间里用媒体简报的方式把骗局传出去，经常闹出大笑话，因为媒体得到的新闻内容和军方及外交部播报的内容简直矛盾百出。那时候，枪炮交锋、火箭炮袭击、给养补给等等都动静很大，很难隐瞒。

越战是世界上第一次能够通过电视直播的战争。离开白宫后首次接受访谈的时候，约翰逊总统告诉哥伦比亚广播公司的电视主播沃尔特·克朗凯特（Walter Cronkite），电视断送了他再次参选的机会，因为进入美国千千万万个家庭的电视，每天晚上都播报的（有关越战的）新闻激起了全美的反战情绪。

在《媒体》一书里，日内瓦·奥弗霍尔泽和凯瑟琳·霍尔·贾米森说，越战期间的电视新闻还没有经历审查制度，记者有行动和表达自由保持一致的机会，真是难得。

“美国的参战人员说，这是一场愚蠢的战争，而且他们也失败了，美国民众被那些随意编造修改的数字误导，盲目乐观”，奥弗霍尔泽和贾米森说，伊拉克战争正是历史的重演。

作者剖析了一些越战期间的说法：记者和军人之间相互讨厌，最后媒体导致了战争失败。作者说，民意调查结果显示，公众支持越战的形势早在媒体传回的战场上血淋淋的新闻照片之前就发生变化了，让他们真正觉醒的是1968年的“春节攻势”。

那个时代的记者，爱国热情与公正客观报道的职责是泾渭分明的，他们不会不报道坏消息——那些消息无疑会激起更加强烈的反战抗议行动。媒体会通过电报传回那些让人心碎的报道和照片。读着那些报道或看着那些照片，你仿佛就在现场与他们一起亲历历史。

在东南亚冲突期间（越战期间），新闻传回到美国需要很长时间，记者在几千英里之外，而通信方式也靠不住，当时计算机还处于初级阶段根本没有使用，在世界各地，还靠电报——这种今天已经淘汰了的机器——来传输新闻信息。南越总统阮文绍（Nguyen Van Thieu）在西贡的独立宫他的防空办公室里，放着专门向合众国际社和美联社发稿的电报机，墙上还挂着全国军事地区的巨幅地图（标示着第一军团、第二军团所在位置等等内容），当时还是用图钉钉在墙上的。

电视还没有24小时的连续播报，外国媒体的报道也还很有限，共产党的河内广播电台公布双方的伤亡数字，而他们的数字往往都是很准确的。这一点与五角大楼当时那种“我们不统计伊拉克人伤亡数字”的态度非常不同。

1968年的“春节攻势”之后，越战进入了转折点，来自各方的批评让军方和华盛顿官场目瞪口呆，他们开始敌视新闻记者。约翰逊总统愁苦不堪，记者描绘这是一场不可能胜利的战争，除非把北越炸回到“石器时代”，如已故柯蒂斯·雷迈（Curtis LeMay）将军建议的。有的专栏作家，比如已故的约瑟夫·阿尔索普（Joseph Alsop）建议约翰逊总统对北越连续轰炸6个月，战争就可以结束了。参议员巴里·戈德华特（Barry Goldwater），是一个保守的亚利桑那州的共和党人，也是总统候选人之一，他主张在南北之间建立一个非军事区永久区把南北越分隔开来。越战给约翰逊和尼克松都造成了很大的伤害，他们企图让国家从与共产主义阵营的冷战中解脱出来。

30年之后，在伊拉克战争一直拖延着无法结束的时候，如何控制新闻对于白宫和五角大楼而言就是一种高级的艺术和策略了。在阿拉伯国家看到的战争实况远远超过在美国看到的——因为布什政府掩盖了很多真相，而媒体又害怕挑战白宫和五角大楼，不敢把事实全然公之于众。美国对半岛广播电视台的存在感到很大的压力，因为他们覆盖了阿拉伯世界约4000万的听众和观众。他们报道的战争画面和战况把美国官员弄得很烦，因此伊拉克临时政府（傀儡政府）就屏蔽了这个媒体，不让它在伊拉克落地（民众就无法收到了）。《阿尔·哈瓦》（*Al Hawza*）是一份由什叶派反叛领导人穆克塔达·萨德尔（Muqtada al-Sadr）办的报纸，它被美国军方关闭了，这就给反叛军制造了一个新的理由。阿尔·阿拉比亚电台也被临时叫停了，但是，不久，他们就应美国官方的要求重新播报新闻了。看看！这就是新闻的自由程度。

五角大楼严禁刊登或播报夜间抵达戴勒维尔多佛空军基地阵亡将士棺材的照片或节目，这一广泛传播的消息让公众觉醒了，知道战争新闻被操纵的事实。政府官员说，这是从克林顿任上就开始了的，之所以不让这些军人棺材的照片传播是为了避免那些原本就悲伤的家庭再度伤感。五角大楼和白宫“虔诚地”以要保护这些悲伤家庭的隐私为由不许刊登这些照片，但毫无疑问，更多的阵亡者亲属愿意让这个世界对死去的亲人表示最后的敬意。一个叫做记忆之洞（Memory Hole）的网站以《信息自由法案》（*Freedom of Information Act*）为由索要阵亡将士棺材抵达多佛的照片，空军机动指挥部粗心地答应了，因此，全世界才有机会看到国防部摄影师拍摄的361张照片。实际上，《纽约时报》和哥伦比亚广播公司的调查结果表明，62％的美国人认为覆盖着美国国旗的阵亡将士棺材的照片应该公之于众。不幸的是，大多数新闻媒体还是不敢挑战政府的权威，依然遵从他们的种种规定。军方坚持说，只有在坟墓边上看这些照片才合适，这显然是一个荒谬的借口。2005年，拉尔夫·贝格雷特（Ralph Begleiter），美国有线电视新闻网过去的记者，如今是新闻学教授，在美国自由公民联盟①（American Civil Liberties Union）的支持下起诉五角大楼——最后终于让这些国旗覆盖的阵亡将士棺材的照片得以解禁。

如同“9·11”之后，很多报纸电视台刊登播报那些英雄的事迹，让他们不被世人遗忘。地方媒体也尽量报道这些战士的事迹，以及他们离去给家庭带来的悲伤和难以平复的伤痛。美国出版界也努力地刊登更多伊拉克死难

①美国自由公民联盟，简称ACLU，是美国一个大型非营利组织，总部设于纽约，其目的是为了“捍卫和保护美国宪法与法律中所肯定的个人权利和自由”。联盟通过诉讼、推动立法以及社区教育达到其目标。ACLU在2005年宣布他们的成员数已经超过50万人。

者的照片，不论是无辜还是有罪的人，这些数字远远比美国军方和盟军阵亡人数要大得多。

我在白宫当了多年的记者，我知道有的摄影师是最好的记者。他们看到的事物的本质，有时就是通过瞬间的镜头，这短短的瞬间甚至可能逃脱最敏锐记者的眼睛。我很荣幸，我认识的许多摄影记者，他们知道正在发生着什么，也知道主事者是谁，还知道他们的照片如何能最有力地传达故事的内容。

以照片进行战争报道始于南北战争期间，亚历山大·加德纳（Alexander Gardner）拍下了在安提尔顿伤亡的南军的照片来展示战争的悲剧。马修·布雷迪（Mathew Brady）在他纽约和华盛顿的美术馆里展示了内战期间的照片，可是大部分的美国人没有看过。

在美国的历次战争期间，包括正在进行的伊拉克战争，摄影师们从战场上捕捉到很多让人心惊肉跳、目瞪口呆的镜头。但是对于很多战地摄影师而言，是否要拍摄和发表这些死伤者的照片，对他们个人而言，是很痛苦的挣扎。

在美西战争期间，技术已经先进到在船上就可以传输照片回国了，但是有些人认为给死者拍照是对他们的不敬。

在“一战”和“二战”早期，美国军方的检查员查收了大部分死者的照片，詹姆斯·瑞尼（James Rainey）在《洛杉矶时报》上写道。那意味着只留下了极少死伤者的照片。甚至炸翻的坦克、吉普车和其他毁坏的战地器械的照片也可能被军方检查没收，理由是这些照片回到国内可能要影响后方的士气。

苏珊·莫勒（Susan Moeller）是《镜头下的战争：照片和美国经历过的战争》一书的作者，她说真正改变了这种形势的是1943年富兰克林·D.罗斯福总统和战争部，他们决定要让美国民众看到战争真正的危险和代价。

解禁之后，刊出死伤者的照片就变成很寻常的事了，尤其是《生活》杂志，他们认为“语言是无法描述”战争的悲剧的。

即便可能冒犯公众，照片仍有助于综合公众对战争的支持意见，马里兰大学新闻学教授莫勒说。

摄影新闻学的形成是在越战期间，因为有军队的帮助，摄影师们能自由往来拍摄，拍到许多不同寻常的照片。在越战期间，并不是哪个美国大兵或者死难者的照片留下很深的印象，瑞尼说。可是，集体自焚的僧侣、被燃烧弹袭击裸奔逃生的女孩、南越警察以射击头部的方式来处决被抓的越共犯人的场面——那些却是战争留下的永久的让人震撼的记忆，恰恰是这些画面触动了美国人的心灵，改变了他们的灵魂。

1983年，美国入侵加勒比岛国格林纳达的时候，里根政府把记者和摄影师留了下来，不带他们去了。那给1991年波斯湾战争后军方限制只允许少量媒体相互交流各自发现的信息的条款奠定了基础。

这个条款让大多数人只能看到极少数的战争场景，摄影师们抗议他们受到如此限制，甚至他们的照片已经过时的时候才允许面世。

瑞尼说，美国的报纸杂志只刊登了极少数在伊拉克的伤亡者的照片，摄影师和编辑最后说他们只是军方的附属人员，在一个面积跟加州一样大小的国家里，只有区区几个摄影师，游击队来袭击的时候，总是没有相机在手边。过后看到的只是路边被炸翻的装甲车。

另外，军方会恳求摄影师不要发出那些在送去医院路上死去的伤员或者伤兵的照片，有时候，摄影记者自己留下了那些残忍的血淋淋的照片。美国的电视台也曾经播放过许多剪辑处理过的战争伤亡者的照片，乔治·华盛顿大学曾经检查过2000多个有关战争的电视新闻片段，发现全都被“消毒”过了，再也没有什么血腥的镜头了，尤其是有线电视的节目。

其实，画面的视觉冲击力往往胜过万语千言的文字描述。

编辑、记者，也是一个语言学爱好者，他最出名的著作是《美国语文》。

《H.L.门肯：快乐的自由主义者》一文的作者默里·罗斯巴德（Murray Rothbard）说，主导门肯一生的是个人自由的激情。他引用门肯的话说，他“反对任何企图限制或者否定个人自由的个体或者组织”。

“有争议”大概是能够给门肯下的最温和的断语了。他还被指控是一个反犹太、顽固不化、仇视少数民族、轻视政客和伪君子的家伙。

门肯在《当记者的日子》一书里这样描述自己当记者的早期岁月：“是不顾一切的青春岁月里最疯狂的、最快乐的、最他妈该死的生活方式。”在那些日子里，他经常把时间花在“跟无数人一起挤在肮脏恶心的海港码头上，每次有什么公共事件他都挤在最前排”。

约翰·斯科普斯（John Scopes）因为教达尔文的进化论被审判，当门肯去田纳西州报道这宗所谓的“戴顿的猴子审判案”的时候，不得不接受当地警官的保护，因为他说当地人是“乡下人”、“低能儿”、“智力不全”、“乡巴佬”而不受当地人待见。他也把那个造成当地学校禁止教达尔文进化论的口才雄辩的政客威廉斯·詹宁斯·布莱恩（Williams Jennings Bryan）（大律师，曾经三次以民主党候选人身份竞选总统）说成是“一头纯粹的驴”。他说他的诚恳真挚跟惯于耍把戏的演员P.T.巴诺姆（P.T.Barnum）一样。

门肯觉得所有政府都是邪恶的，他们全都要跟自由作对。他深信在言论和思想方面的彻底的自由，只有这样，才能让人真正明白世界是由什么构成的，世界才能真正地进步。

多萝茜·汤普森（Dorothy Thompson），1894年生于纽约的兰斯卡特，1961年死于葡萄牙。1939年欧洲战争发生那年，她与美国第一夫人埃莉诺·罗斯福（Eleanor Roosevelt）一起被评为当年美国最有影响的两位女性之一。汤普森女士尽管站在有争议的立场上，她每周三次为弱势群体开设的专栏《记事本》提供文章，同时也为杂志撰文，还是国家广播公司的时事评论家。

1925年，汤普森女士成为《纽约晚间邮报》柏林分社的负责人。1934

年，她写了提醒美国要警惕纳粹主义兴起的新闻专电，激怒了阿道夫·希特勒，因此被纳粹德国驱逐。

1934年，汤普森女士写道："在我看来，我是因为犯了对上帝不敬之罪而被赶出德国的，我之所以犯了他们这个罪是因为我认为希特勒也只是一个普通人而已。在德国人民普遍认为希特勒是上帝送来拯救他们的弥赛亚的时候，我这么认为就等于是犯罪了……"

"更可恶的是，如果你是德国人，你就被关进监狱了。幸运的是，我是个美国人，所以只被赶到巴黎。这就算是最糟糕的了。"

1935年，她很清楚地告诉人们说："哪国人民也无法预见自己的独裁者。他永远不会以独裁者的身份被民众选上。他总是表现出自己是民众共同意愿的化身……当一个独裁者出现的时候，你会相信他只是千千万万普通人当中的一个，但他可以代表传统的美国人的一切。不会有人对他说'Heil'（敬礼！），也不会有人叫他'Führer'（领袖）或'Duce'（首领、独裁者之意，墨索里尼的头衔）。但是他们都会用洪亮的、一致的，仿佛很民主的、同时也像羊群一样顺从的声音对他说'是，元首！'"

汤普森女士说："当我们不再恐惧时，我们才真正地活着。"她从不害怕辩论，也支持过犹太人在巴勒斯坦建国。但是后来，她成为一个反犹太复国主义者，她写作的内容也偏向阿拉伯民族了。

她是凯瑟琳·赫本（Katharine Hepburn）1942年扮演《年度女性》的角色的原型，在第二次世界大战降临欧洲的时候，她被描绘成美国的卡桑德拉（Cassandra）[①]。她对后来的女记者起了精神引领的作用，也成了那个时代的楷模。

另外一个杰出的战地女记者是马莎·盖尔霍恩（Martha Gellhorn），她作战争报道的时间从20世纪30年代后期的西班牙内战开始直到20世纪80年代

①卡桑德拉，古希腊神话里的人物，特洛伊公主，非常聪明，她在爱情的名义下获得了太阳神阿波罗赐予的预言能力。但这个女子过于聪明，在得到了预言能力之后却拒绝嫁给阿波罗。阿波罗不能收回礼物，就附加了一个吻给卡桑德拉，于是卡桑德拉陷入了人类最悲惨的命运之中：有极其精确的预言能力却绝对无人相信。她曾预言特洛伊被毁灭，但无人相信。

玛格丽特·希金斯（Marguerite Higgins）是另一个战地记者明星。她也是一个金发碧眼、魅力十足的姑娘，在对“二战”、朝鲜战争和越南战争的报道方面，她都巾帼不让须眉，让她的男同事甘拜下风。

希金斯生于香港，她父母都是美国人。她两岁的时候全家搬回美国，在加州大学获得新闻学士学位，在哥伦比亚大学获得新闻硕士学位。

1942年她受雇于《先驱论坛报》，然后争取到了驻外职位。1942年她被派往伦敦，负责“二战”后期几个月的有关伦敦、法国、德国的报道。当盟军解放达豪和布痕瓦尔德集中营的时候，她就和他们在一起。

她是女记者的先行者，20世纪50年代是她最辉煌的阶段。在朝鲜，她经常设法搭美国大兵的吉普车去前线，如果没有搭上，她就想办法摆平高级军官。她最大的胜利莫过于成功地说服道格拉斯·麦克阿瑟将军解除了禁止女记者上前线采访报道的命令。

她是第一个上朝鲜战场的女记者。1950年开战初期，她搭乘麦克阿瑟将军的飞机从日本飞到南朝鲜。1950年9月，她随着海军陆战队登陆仁川，那里已经深入北朝鲜军队战线的后方200英里。

后来，纽约《先驱论坛报》派送了另外一个明星记者霍默·比格特（Homer Bigart）去报道朝鲜战争，命令她回东京记者站去工作。她不服从报社的安排，坚持留在南朝鲜。她对自己被比格特取代感到非常愤怒，她要留下来继续报道战争，跟比格特决一高下。这种竞争让战争期间的华盛顿议论纷纷，这种不和谐引起了满城的流言蜚语。

从新闻的角度来看，比格特是一个比希金斯更专业的记者。但是，希金斯因她的表现获得了应得的荣誉：她获得了普利策国际新闻奖，被美联社评为年度女性，她的著作《朝鲜战争》也成了畅销书。

1953年，希金斯被《先驱论坛报》派去越南报道法国在奠边府战败的过程。在越南，她展示出了非凡的勇气，多次死里逃生。最后，她醒悟了，明白了这场战争是徒劳无功的，因此，她在1965年出版的《我们的越南噩梦》一书当中列举了所有的理由和原因，就在那一年，约翰逊总统开始全面展开对东南亚的战争。

1966年，希金斯女士因为在越南感染了热带疾病不幸逝世，她被安葬在阿灵顿国家公墓，她的名字被铭刻在华盛顿越战纪念墙上。

厄尼·派尔（Ernie Pyle）是《斯克里普斯·霍华德报》的记者。所有的战争都有报道，但是他从人道主义的角度来报道“二战”，他的文字让人心碎，有极强的冲击力。派尔对美国普通大兵在战场上面临的个人问题描绘得如此生动，后来著名漫画家比尔·莫尔丁（Bill Mauldin）把他搬上了自己的作品。

派尔因为报道人间战争惨剧而获得普利策奖。

看起来饱经风霜、粗犷不羁的派尔没有写军队的战略政策，他把这些留给权威专家去写。他的报道对象是那些肮脏的衣衫、潮湿的鞋子、梦想、饥饿、愤怒以及勇气。

他与底层的人站在一起，并且写他们："这些被风吹雨淋日晒、在泥浆里打滚的男人，饱经战争蹂躏，没有得到任何抚慰甚至没有必要的生活所需。如果没有他们，战争就不能打赢。"

派尔生于印第安纳州丹那的一个农场，1923年他差不多完成印第安纳州大学四年学业的时候，当地的一家报纸给他提供了一个职位。然后他去了《华盛顿每日新闻》——《斯克里普斯·霍华德报》旗下的一家报纸，几个月后就晋升为编辑经理。他很不喜欢案头工作，因此，1938年，他就去当了可以到处跑的《共性》的记者和专栏作家，这也是《斯克里普斯·霍华德报》旗下的一家报纸。1942年，派尔被派去报道纳粹从欧洲大陆越过英吉利海峡对伦敦发动夜间空袭闪电战的全过程。

派尔给后来作战地报道的记者探索出了一种程序套路和风格。如诗人约翰·当尼所说："每个人的死亡都是在削弱我的生命，因为我是人类中的一员。"派尔以自己的生命诠释了这句话，没有谁比他更到位的了。

战争期间，他去过北非、意大利，最后报道太平洋战争，这一次，幸运之神离他而去。在为第77军团作报道的时候，他在琉球的一个小岛上被日本炮手击中身亡，美国士兵就近把他埋葬在他殉难的地方，简单潦草地立了一块碑，上面写着："在这里，我们步兵团失去了一个兄弟，厄尼·派尔，1945年4月18日。"

真担心再写下去会刹不住车，因为我挡不住自己的思绪和激情，可是，确实这样了。我相信从1940年到1971年，合众国际社驻白宫的主管梅利曼·史密斯（Merriman Smith），还有长驻白宫的美联社记者——我已故的丈夫道格拉斯·科内尔（Douglas Cornell），是两个最杰出的记者，尤其在报道总统竞选和白宫的事务方面无人能比。

就我们这个时代最重要的历史事件，你不可能读到比这两个记者写得更客观、更公正的文字了。在他们的报道里面，没有歪曲，没有偏见，没有含沙射影，他们只写自己知道的事情，从不加入个人的意见和感情，总而言之，他们只为民众提供纯粹的、不含任何杂质的新闻，若非如此，他们宁愿不写。

史密斯还有一个大家都知道的别称叫做史密提（Smitty），他是一个特别擅长巨细靡遗地对白宫作地毯式报道的记者。他认为，没有任何事情是微不足道的——从白宫草坪上松鼠过多，到对国民乃至世界的批评，全都可以写。他给我的教导就是："写每一件事。"

他可以把每件事处理得非常到位——每时每刻他都能够用智慧和热情，快捷、准确、到位地化解危机。他是新闻发布室里的偶像，也是一个坏脾气的家伙，但是他那些异常精彩的故事总是让听众着迷。史密提很健谈，也很有表演天赋，是一个很好的表演者，他老于世故但也很大气，然而他对自己所报道的人物抱有深切的同情和理解。毫无疑问，他是华盛顿性格色彩最鲜明的记者之一了。

史密提（跟6任总统打过交道）写了很多有关总统和他们家庭的故事和报道。他还写了一个专栏叫做《白宫的后梯》，里面有很多关于住在这个"豪宅"主人的秘密珍闻。他还经常被请去做广受欢迎的夜间脱口秀节目的嘉宾，那时，杰克·帕尔（Jack Paar）、约翰尼·卡森（Johnny Carson）、梅尔夫·格里芬（Merv Griffin）都做过这个节目的主持人。那就是电视节目用纸媒记者的开端，几年之后，男女新闻播报员不再匿名，而是在屏幕上露面亮相了。

史密提是一个无可比拟的记者中的记者，他经常歪戴着帽子，飞速冲到电话边上，火速用他自己才看得懂的笔迹记录着什么。

当哈里·S.杜鲁门总统宣布“二战”结束的时候，他冲出门，滑过了长桌子，把锁骨都撞断了。他爬起来跑出去找了一个电话，报了一个小时的新闻之后才感觉到痛。

他报道过好几次政治集会和大选，比如，发生于1948年的、著名的杜鲁门乘火车环游全美竞选。杜鲁门从一个地方到另外一个地方，围观的人越来越多。原来新闻界普遍认为杜鲁门要输，到最后，即便是那些持最怀疑和嘲讽态度的记者也开始觉得杜鲁门有机会胜过共和党候选人、短小精悍的纽约州长托马斯·E.杜威了。

我很喜欢那个关于杜鲁门乘火车环游竞选期间史密提的故事。火车每到一个地方暂停，史密提就跑去找一个电话给总部报告新闻，有时报告的时间太长了，车都快开了，他赶快跑向火车。把他拉上车之前，同事还跟他开玩笑说：“别忘记写稿子哦！”

这是记者们齐心协力的一个极好的范例。他们互相帮助，帮着把遗漏的内容补上，来完善整个故事报道的内容，他们知道，其实这是互惠互利的。1961年大选结果公布的那天晚上，史密提出现在马萨诸塞州的海尼斯港，让肯尼迪知道自己赢得了大选。让史密提闻名于世的是让美国全民族至今心灵无法复元的那篇报道——那天，肯尼迪总统在达拉斯被李·哈维·奥斯瓦德（Lee Harvey Oswald）刺杀身亡。那段时间，每个活着的人都会被查问“肯尼迪被刺的时候你在哪里？”，所以人人都记得这件事。

1963年11月22日，总统的观礼车那边传来三声枪响的时候，史密提正坐在车队的第三辆车上。他对枪有研究，所以立即知道那是枪声。当时他很机灵地坐在为白宫发布新闻的专车的前排，仪器板下面装有电话装置。一听到枪声，他立即抄起电话直接打到合众国际社达拉斯办公室，死不放手，尽管美联社的记者杰克·贝尔（Jack Bell）一直在敲他的头和背，直到车进了帕克兰医院他才放手。

跑进医院，史密提迎面看到克林特·希尔（Clint Hill）——杰奎琳·肯尼迪的贴身警卫长，捶打着观礼车的后部哭喊道：“他死了！”史密提找到医院的一部电话，继续向合众国际社播报，直到官方由新闻副秘书马尔科姆·凯尔迪福正式宣布肯尼迪的死讯才停下来。这个消息随着10声丧钟的声响通过合众国际社的传播像潮水一样涌向世界各地。

当他还在播报的时候，一个总统警卫人员告诉他："史密提，总统准备回华盛顿了。"他说的总统指的是即将继任的林登·约翰逊。史密提说服了一个警察把他和两个记者用巡逻车送到洛夫菲尔德，"空军一号"正准备起飞。他和西德·戴维斯（Sid Davis）——一个电台播报员，还有《新闻周刊》杂志的查克·罗伯茨（Chuck Roberts）一起登上了飞机，史密提是见证约翰逊在总统专机上宣誓就职的目击者之一。在场的还有依然身着染着血迹的粉红香奈尔套装的杰基，刚刚当上第一夫人的、满脸悲伤的伯德·约翰逊女士，还有肯尼迪和约翰逊的几个内阁助理。那一年，史密提因为报道了这个悲剧而获得了普利策奖。

我将已故丈夫道格拉斯·科内尔列为最有才华的记者之一，我相信1930—1971年与他共事过的所有同伴都会同意我的评价。"二战"日本投降的时候，他正站在打字电报机旁播报这个喜讯，对于任何记者来说，这已经不仅仅意味着功绩和成就了。

道格（道格拉斯的昵称）与约翰逊总统的关系因为他写总统揪了猎狗的耳朵而受到影响。这吓到了喜欢狗的人，总统因而不满地贬低讽刺说白宫有的记者是"动物饲养专家"。

对于道格而言，没有什么报道是太难或者是太复杂的。他是一个文笔优美流畅的作家，而且，他从来忠实于事实真相。

受高中时代英语老师的影响，道格决定当记者。1929年，他毕业于密苏里大学的新闻学院。道格是报人中的报人，他因为自己公平客观的写作风格深受尊敬，富兰克林·D. 罗斯福和理查德·M. 尼克松总统都很信任并且欣赏他。

道格非常尊敬罗斯福总统，当得知允许他带父母登上竞选的火车与总统见面的时候，他非常感动。尼克松还是加州国会议员的时候就因为道格报道众议院而相识了。他对道格的专业素养敬佩有加。1971年，道格从美联社退休的时候，尼克松专门为他举办了一个告别会。

道格的长处在于给报道结尾，尽管故事有好几头，其中也有各种各样琐碎的细节片段，可是他就是有那种把它们组合起来变成一部出色的作品的本事。光看他的签名，编辑就知道又是一篇抢眼的报道了，而且不用考虑就放在了头版最显眼的位置上。他还经常被指定为那些新近去世的政要写生平故事，由此他被开玩笑说成是“人身拥有先生”。

他平时不声不响，但是很有实力，他总是让我的老板梅瑞曼·史密斯在合众国际社和美联社竞争的最后关头出血。道格和史密提也是很好的朋友，那时候的记者都能拥有这样的友谊。

道格可以拿起10页长的讲稿，快速浏览，然后抄起电话立即给办公室提纲挈领地播报看到的内容。我从来没有听说他有理解失误或者弄错第一句话的大意。今天已经很少这样杰出的记者了。

谈到让人敬佩的爱德华·R.默罗，我没法不夸他是20世纪最卓越出众的记者，他是几十年来美国电台记者的灵感之源。

他出生在北卡罗来纳州格林斯波洛镇普勒凯特的一间没有水也没有电的木屋农舍里，他是一个废奴主义者最小的儿子。他5岁那年，全家迁到华盛顿州加拿大边境的沙密斯湾，他在附近的爱德森上高中的时候，表现就很出色，变成了学生社团的首领和辩论队的明星。他上了华盛顿州立大学，主修演讲。1935年，他在纽约加盟了哥伦比亚广播公司，直到结束播音生涯才离开这个机构。

1938年，希特勒制造捷克斯洛伐克危机期间，默罗在布拉格直接用短波向世界播报了这一历史事件。此后，他和另一个著名的外国记者威廉·L.夏勒（William L. Shirer）组成一个欧洲新闻同盟，召集所有来自欧洲各国的记者当年（1938年）都以这个名义对外播报新闻，这是哥伦比亚公司新闻节目的前身。

默罗在“二战”爆发前被派往伦敦，夏勒留在柏林，他们俩的节目都给广大听众带来了极大的震撼。在纳粹向伦敦发起闪电战的时候，默罗以直播的方式让世界了解实况，而夏勒则在柏林作配合的播报，他们的配合可谓天衣无缝，相得益彰。

当默罗攻击参议员约瑟夫·麦卡锡对共产党人的迫害以及态度极端的时

政的游行，回到家之后，她站到厨房的台子上，对着她的兄弟姐妹模仿祖母的演讲。“二战”期间，她加入了女子军团，在此之前，莎拉曾在泰勒供职于数家地方报纸和得克萨斯州的贝尔蒙特公司。后来，她到五角大楼任新闻公关部主任。

在总统的新闻发布会上，她代表得克萨斯州的媒体，她的提问给人们留下了深刻的印象。

莎拉还是退伍军人的好朋友。为了保证他们得到更好的医疗保障，她主动伸出援手，告诉尼克松总统说管理部门一直拖延着没有寄出应该给退役军人的福利支票。几天后，这些军人就收到了支票。莎拉死于2003年1月9日，享年92岁。为了纪念她，在国家新闻俱乐部有一个以她姓名命名的房间。这个俱乐部以前只有男性会员，莎拉曾用16年的时间申请加入，直到1971年对女性解禁，她才成了第一批会员。

没有一个人能够用玛丽·麦格瑞（Mary McGrory）那种独立绝世的笔法来写作，她也是普利策奖的获得者之一。

“二战”后，华盛顿新闻圈的另一个突出人物是I.F.斯通（I.F.Stone），大家都叫他伊西（Izzy）。他是一个特立独行的新闻人，很注意政府发布的信息动向，努力推动对公众有利的事。他喜欢独来独往，是一个独立编辑——一个人负责《I.F.斯通每周简讯》的全部工作。综观他的一生，他发出的始终是一个游离于主流媒体之外的声音。1989年，他去世之前，在国家新闻俱乐部，白宫记者团授予他新闻勇气奖。

彼得·利萨戈（Peter Lisagor）是《芝加哥每日新闻》的白宫记者兼驻华盛顿首席记者。他以长于外交事务的报道、文笔犀利著称，他经常被请去电视台回答时政脱口秀节目里面的各种问题。在国家新闻俱乐部也有一个以他命名的房间。

詹姆斯·雷斯顿（James Reston），人们爱叫他苏格提，生于苏格兰。1920年他们全家移民美国，雷斯顿在俄亥俄州长大，然后去斯普林菲尔德的《每日新闻》当体育记者。

1934年他进入美联社，1939年被《纽约时报》派去伦敦办事处工作。“二战”期间，他曾经脱离报社，负责组建伦敦的美国战时新闻情报中心。

1945年，他重回报社，他在华盛顿写的报道和专栏文章，使他声名鹊起，一时成了行业的超级巨星。他与华盛顿许多政治精英的友情给他带来许多独家报道的内容。他分别于1945年和1957年两次获得普利策奖。

1945年，雷斯顿的幸运星降临了，他报道了一个在旧金山召开的国际会议，这次会议为联合国的成立打下了基础。在那里，雷斯顿说服了中国代表团的成员把材料提供给他，以便在关键时刻为中国争取一席之地。他的行动让新闻界的对手们大吃一惊。

1961年，《纽约时报》得知美国准备利用古巴流亡者从猪湾入侵古巴，肯尼迪总统恳请《纽约时报》基于国家安全的考虑不要对此进行报道，《纽约时报》默许了。后来，入侵行动失败，肯尼迪总统懊恼地说，当初《纽约时报》报道出来就好了。古巴导弹危机期间，雷斯顿事先还知道了关于建立导弹基地的消息，但是他也同意暂时不报这个新闻，因为肯尼迪总统说，如果苏联知道美国已经知道他们的计划，很可能会提前采取行动。

雷斯顿因为有太多政界高层的朋友而不受同行待见，尤其是前国务卿亨利・基辛格跟他有深厚的友谊。但是没有人怀疑雷斯顿的诚实、眼光和公正。

在白宫这些经常报道独家新闻的杰出记者中，很多是我在合众国际社的同事；还有美联社和纽约《先驱论坛报》的老牌记者沃伦・罗杰斯（Warren Rogers），他经常害人家出高价买他有关外交和五角大楼的新闻报道；罗伯特・多诺万（Robert Donovan）也是纽约《先驱论坛报》的记者，1948年，他全程报道了杜鲁门的火车环游竞选，后来他去了《洛杉矶时报》，写了一本《冲突与危机：哈里・S.杜鲁门在任期间，1945—1948》，这是现有有关杜鲁门总统的最好的传记作品。

记者彼得・阿内特（Peter Arnett）来自新西兰，在为美联社工作期间因为报道越战而获得了普利策奖。他知道必须写那些亲历现场、亲眼目睹的事情。阿内特的报道援引了越战中最著名的一句话："我们必须先摧毁这个村庄后才能去拯救它。"

阿内特的事业生涯起起落落，报道战争是他的长项，也由此，他与不少高层人物产生了积怨。

因为被美联社压制了很长时间，阿内特于是转而为美国有线电视新闻网工作。第一次海湾战争期间，美国在巴格达投下第一颗炸弹的时候，他不顾个人安危，把头伸出旅馆的窗外进行实况直播报道，由此他成为美国家喻户晓的人。当他报道一个生产婴儿奶粉的工厂被美军炸掉的时候，他给自己招来了麻烦。美国官方坚持说那是一个生物武器工厂，尽管从来没有任何证据说明那不是奶粉厂，但是从此他跟官方结下了梁子。

海湾战争结束后，阿内特回到美国有线电视新闻网继续他的播报工作。可是，1998年6月7日，正当他在播报的时候，一张原先没有让他预读的草稿放到了他的手里。报告指控在越战期间，美军高级指挥官在一个叫做“顺风”的绝密行动中使用了对神经有害的沙林毒气。这个报告指控“顺风”的参与者用毒气对付躲在老挝乡村的叛变者。五角大楼否认了对他们的指控，然后美国有线电视新闻网炒掉了阿内特。后来他还被国家广播公司和微软全国广播公司解雇，因为他跟伊拉克国家电视台做访谈节目的时候，谈到美国对伊拉克的作战计划及其失败是因为策划人对伊拉克反对力量估计不足。这是多大的一个笑话！想想看，美国政府出钱在伊拉克建了电视台，后来还继续资助他们，为的是给自己作宣传。阿内特的几个老板都无法承受政府的压力，也没有耐心和勇气来判断他所做的事情的价值。阿内特很“惊讶”，如他所说的，他屡屡被主流媒体放逐，他们都拒绝支持这个有争议的人。

阿内特有一个信念：“我把事情的两面都呈现给大家，报道我亲眼看到的一切。”他不像小布什时代的很多记者，先把事实加以修饰才报道出来。作为一个记者，他长期以来追求的目标就是把自己看到的真相说出来。显然这是电视台那些惊恐万状的老板所不能接受的。

很少记者的名字会跟总统候选人挂钩，但是，密苏里州的沃尔特·克朗凯特（Walter Cronkite）却一度被人们认为是可能成为国家领袖的人物，他被认为是“在美国最受公众信任的人”。

可是，他是一个新闻人，极其热爱新闻事业，并为此贡献一生。克朗凯特最早在得克萨斯大学做校报记者，“二战”期间转向合众社，然后被派往莫斯科当机构的主管。战后，广播电视渐渐取代了报纸，成为另一种新闻传递的方式，克朗凯特这时就进入了这个领域。尽管他很年轻，但是他的声音亲切而有磁性，给人以稳重、权威的信赖感。在进入哥伦比亚广播公司总部之前，他就在该公司的两个地方分公司工作过。后来，他帮哥伦比亚广播公司开发了《晚间新闻》节目，在这个节目他做了19年主播。

在太空军备竞赛期间，他做了很多令人难忘的节目，比如登月。在播报肯尼迪总统被刺的新闻时，他也哭了，可是他还是继续报道。克朗凯特是个勇敢的人，为了新闻自由，他不惧怕当出头鸟。克朗凯特1981年退休，他的回忆录《记者生涯》于1996年出版。他说自己是被哥伦比亚广播公司新的高层推出来的，因为他们对娱乐节目的兴趣远甚于纯新闻。目前他还在为PBS特别节目配音。

在内心深处，克朗凯特一直是一个纯粹的新闻记者，在他的书里谈到了电视对政治进程的影响："主要的问题在于，仅仅用电视是不能取代一份好报纸的作用的。"

很想表达我对具有探索精神的西莫·赫什的敬意，可是我发现自己已经词穷了。他真是一个极有良知和才干的记者。他不断提醒说，美国民众的行为本来应该代表人类行为的最高标准，但事实却不是这样。对于人类的过失，我们都有责任，因为我们美国人让这些事情发生了。

他首次被认可是1969年。他揭露了越战期间不为人知的美莱村大屠杀。1968年3月16日，陆军中尉威廉·寇里带着一小队人马屠杀了几百个平民——全村的老人、妇女、孩子、婴儿，都被赶到一条壕沟里，然后用机枪扫射。遇难者达504人，从1岁到82岁不等。在屠杀地点只建了一座纪念碑，再也没有重建该村庄。这一暴行在美国的披露报道，更进一步刺激和推进了美国民众的反战运动。因为这篇报道，赫什获得了普利策奖。

赫什之前为合众国际社和美联社工作，后来他成为《纽约时报》驻华盛顿的记者，现在是《纽约客》的撰稿人。他是美军在巴格达阿布格莱布监狱残酷虐待伊拉克俘虏事件的主要揭露者之一。他给《纽约客》杂志写的报道还配上了照片，传遍了全世界。报道震惊了美国人，可是却不足以让小布什重申美国遵守《关于战俘待遇之日内瓦公约》。对此表示同情的布什及其高级助理说，他们不支持虐待战俘，但是也没有阻止他们这么做。随着美军在监狱虐待战俘的可怕事件一件件被揭发出来，政府却出面说高级军官与此没有任何关联，不承担任何责任，只有几个后备役的低级军官和一个女将军为此受罚。

西莫·赫什是美国新闻界历史上的英雄。在入侵伊拉克之前，他就揭露了政府欺骗民众的诡计和对伊朗的企图。理查德·珀尔（Richard Perle），国防政策顾问委员会前任主席，是个死硬的新保守主义者。他不遗余力地推销伊拉克战争，说赫什是“美国记者当中最像是恐怖分子的人。”

赫什当然成了白宫和五角大楼的敌人。但是，美国大众对他应该是很感激的，尽管至今他们还没有意识到——他不仅将暗箱操作的阴谋诡计置于聚光灯下，提醒每个人警觉，更提醒大家注意政府出台的那些损害所有美国人的令人害臊的政策。

这些记者不仅是新闻事业的巨人，而且也值得大家敬佩和嘉奖。他们虽然只是小有名气，但却是优秀新闻人的完美范例，而这样的人在我们这个时代越来越少了。

当代其他我尊敬的记者还有：罗恩·科恩（Ron Cohen），合众国际社驻华盛顿的主管；韦斯利·派泊特（Wesley Pippert）、戴维·维斯勒（David Wiessler）、劳瑞·桑托斯（Lori Santos），还有史蒂夫·格斯蒂（Steve Gerstel）。他们都是在新闻的岗位上默默耕耘的无名英雄，他们顽强、敬业、孜孜不倦。我尊敬的还有哥伦比亚广播公司的丹恩·拉瑟（Dan Rather）、国家广播公司的汤姆·布罗考（Tom Brokaw）、美国广播公司已故的彼得·詹宁斯（Peter Jennings），还有时时支持我的美国广播公司的山姆·唐纳森（Sam Donaldson）以及科基·罗伯茨（Cokie Roberts）和NPR的劳伦·詹金斯（Loren Jenkins）。

当今我敬佩的专栏作家有：《华盛顿邮报》的威廉·拉兹伯雷（William Raspberry）和E.J.多宁（E.J.Dionne）；《纽约时报》的保罗·克鲁格曼（Paul Krugman）、弗兰克·瑞奇（Frank Rich）、鲍勃·赫伯特（Bob Herbert）、毛宁·多德（Maureen Dowd）。

# 跋

我相信，在21世纪，经过了这么艰难坎坷的开端之后，媒体会对他们未来应该扮演什么角色进行某种反思。也许这是不现实的，但是我希望能够看到这个行业回归到我所认为的新闻理想及价值的轨道上来，对娱乐和经济回报的关注少一点。威廉・O.道格拉斯大法官说：“我们的宪法设计给予新闻媒体一种特殊的地位，目的不是为了让媒体赚大钱，不是为了把新闻从业人员变成特权阶层，而是要他们承担起让公众拥有知情权的责任。”

报纸和其他传媒，包括广播、电视、有线电视等，应该好好考虑和决定，他们是谁，他们希望别人怎样理解他们。毫无疑问，媒体已经因为一些骗子的行径招致了公众的质疑，这样的媒体丑闻当然会给记者挫折感，发生了这样的事情，相关编辑和出版人就要面对严厉的处罚。在这个行业里面，有一种心照不宣的职业伦理，信用度是最起码、最重要的。在我结束这本书之前，我想给未来的记者或从业人员一些建议，也告诉他们一些心得，希望能够恢复这个行业的活力。

虽然我在这个行业已经有60多年的经验了，但是每天对我而言依然是再学习新经验、学到新东西的机会。我发现新生代记者的知识少得可怜，无论是对宪法条文的记忆，还是对国家历史和专业知识的了解。

虽然从某种程度而言，这是可以理解的，但是作为记者居然不知道美国的历史、美国的宪法，尤其是《权利法案》的内容，这是不能接受的。新一代的记者，常常不知道“二战”的转折点是诺曼底登陆，不知道痛苦漫长的越南战争，不知道五角大楼文件的事件（PAPER CASE），不知道水门事件和与之相关的“深喉”，不知道冷战及其结束的过程，不知道什么是太空军备竞赛，以及很多很多与我们今天社会发展息息相关的历史性事件。其实，了解这些历史事件是非常重要的，只有这样，我们才能把今天发生的事情与之关联起来。我给即将入行的未来的记者和编辑的忠告是：读，读，读！事实证明：“不阅读”的人与“没有能力阅读”的人其实没有什么两样。

新闻学院如今仍然在传授很好的新闻学课程，而全国各地也有成千上万的学生有兴趣加入这个行业。

记者每天都要进行新闻报道，内容都白纸黑字地登在报纸上，一旦铸成大错就难以挽回，同时行业内部对于有争议的报道也不怎么容忍。当一篇报道遭到挑战的时候，老板和编辑都应该去支持他们手下的人，而不是试图加以掩盖，尤其是当他们知道报道的基本事实没错的时候。

政府官员对媒体打恐吓牌，把正当合法的批评和质疑影射为不忠诚或不爱国，由此达到篡改新闻操纵媒体的目的，可媒体对此竟然没有丝毫抗争，这让我非常吃惊。美国有线电视新闻网迫于压力收回了播放国安情报人员内部相互争斗的纪录片。某些新闻机构因为害怕得罪公众和政府，停播美国女兵在伊拉克被杀的节目。那些勇敢的摄影记者冒着生命危险从伊拉克拍摄回来的让人毛骨悚然的真实照片没能刊登到报纸上，而是被封存到档案里。审查是小心翼翼的，也经常是媒体自我控制的结果。这是把令人不快的事情掩盖起来的一种办法——但是，媒体的作用就是披露真相。

今后的记者应该很憎恶没有根据的新闻，应该提防小布什政府为了达到目的不惜雇佣一些人来假冒记者，站在他们的角度提供报道内容——这是小布什一伙惯用的策略。电台、电视台在播放政府免费提供的录像、数据之前，一定要事先声明这是政府提供的，否则的话他们就成了欺骗的同谋。

记者证应该只发放给真正有资格做记者的人，他们遵守新闻人的信条——为了寻求事实真相，在威吓和利益面前都毫不退缩。而且，记者要时刻提醒自己，那些带有诽谤中伤色彩的报道可能毁掉别人（包括自己）的生活和名声，因此，在报道公众人物私生活的时候，尤其要对各种信息小心作判断。

我们说新闻事业有改变，这是一个很委婉的说法。互联网的快速发展，对公众接受新闻的方式产生了极大的影响。公众希望得到实时新闻，记者为了满足这种需要，只好通过互联网搜索实现效率。

如果分析通过互联网看新闻的人群，不同年龄段读者的需求是不可忽视的。大的传媒集团、华盛顿政坛内部、世界各国首领都非常注意从纸媒到宽频信息的过渡和整合。

互联网的便利给那些不认真、草率的媒体一种极大的诱惑力，他们随随便便就可以把各种各样乱七八糟的内容放上去。甚至训练有素的记者在写报道的时候也忍不住通过互联网找素材，而不是亲自作调查。但是，实际上酝酿一个报道，审查分析资料来源的真实性以及追踪结果的过程是无法替代的，互联网只能在提供线索方面起到一定的作用。它是不可能像人一样完成报道的全部过程的。

技术的进步催生了一把双刃剑。在此之前我谈到我们这个国家的新闻操纵。在缺乏新闻自由这种民主权利的国家，新闻操纵最极端的程度就是新闻媒体是政府的喉舌。过去，公众依赖于电台和口口相传的方式了解真相。但是，数字时代使新闻能够通过互联网以极快的速度传播，让一些过去得不到信息的人知道真相。而这把双刃剑的另一面，则是互联网对任何信息都没有过滤。公众应该知道主流媒体和互联网上那些杂货媒体的区别。

近年来，博客发展迅速。博客相当于在线杂志，还可以实时与互联网新闻相链接。这样，新闻和公众舆论的边界就被模糊了（因为博客上既可以发表个人意见，也可以粘贴转载新闻）。目前，大部分人是不读博客的，但是，皮尤互联网与美国生活方式调查中心研究结果表明，有25%的网民读博客，而且这个数字还在上升。

我了解到博客的数量已经接近百万，这个数字是非常惊人的。我们不得不考虑，对于社会和主流媒体而言，博客意味着什么。社会在改变，这种快捷的方式渐渐取代了传统的社交模式。尤其是年轻人，随时随地都在联络。我想，一边围在便携冰盒旁边或者嘴里咀嚼着口香糖一边用最时兴的方式跟朋友交流的年轻一代，已经找到一种虚拟但实在的方式来传递信息和观点了。而且，从我读到的博客来看，那些训练有素的写博客的记者也喜欢这种不受任何编辑修改就可发表自己观点的自由。观点可以是不受约束的意识流、谣言流通的集市、实时的回馈和讨论以及强势说教或者霸权话语。但是，新闻不是这些东西。

小鸟已经飞出笼子了——博客是一种新的民意表达方式，因此，博客可能会影响今后新闻的报道内容。它们可能给记者带来新闻线索。但是博客写手不是记者，博客不可能完全决定主流媒体的方向。博客写手也不应该有记者的特权，把博客写手当记者是很可笑的。

苏赞尼・康德瑞是丹森大学的传媒学教授，她很敏锐地观察到传媒的变化。她说："很明显，自从互联网成为基本的信息平台之后，新闻记者在自己的角色上有不小的挣扎（因为传统媒体原来也是信息来源，如今几乎被取代了）。但是，如同广播电视之于纸媒（是一种信息传递方式一样），互联网也是一个传递信息的信使，它依然需要有人调查事件的来龙去脉、梳理事实的脉络，让读者清晰了解事件的过程和结果。因为迅速增多的有线电视频道，用传统方式了解新闻的人越来越少，甚至公共广播也被砍掉了很多。这正是问题之所在。当这种变化降临的时候，叹息也枉然。就像20世纪70年代有揭秘者站出来揭发而司法体系也作出回应的情形一样，只有在有良心的人公开要求做内部交易的人和公司的大股东停止剥夺、窃取公民的利益，当股票交易委员会也站出来，同时对这些人课以罚金并把他们送进监狱的时候，我们才会看到真正的变化。"

我们也会看到另一种变化，"现在的学生看到当年越战时期拍摄的片子会惊恐万状，他们也会明白当今的记者没有用那样的形式去作报道，"康德瑞说，"50年前，就是那么几个人觉得应该质询政府对他们说的话，事情就这么一点点地展开了。媒体将一个看上去是孤立的地方事件带入了数千英里之外的千家万户，他们做出了极有成效的工作。媒体就是通过这种方式促使美国结束远在东南亚的行动。我重申，于公众而言，没有调查就没有发言权，当开始有人（哪怕是很少的几个人）把公民的权利看得比集团利益更重要的时候，而且其他人都意识到自己拥有宪法所赋予的权利的时候，就等于往前走了一步。”

康德瑞接着说：“我们必须记得，今天上大学的孩子，他们的父母就经历了20世纪70年代，简而言之，有养分的时候种子会发芽生长是恒定不变的真理。我相信，媒体到了认识自己的本质和力量的关键时候，如果能够接受新的挑战，采用新技术，倾听新的声音，那么新的景象就会出现在这一代孩子身上。虽然，我们没有看到今天的年轻一代接受传统媒体，但是，从他们的生活态度，我们可以想见日后的变化。”

当人们告诉我“你不能相信任何在报纸上读到的东西”的时候，我会这样回答：“99％的时候你可以相信的”。

如今，对记者有了新的要求和负担，反正说到底都跟金钱有关系。报纸、电台、电视台的经营者更在意的是节约成本费用、讨好投资人，因为媒体的竞争日趋白热化且愈演愈烈。过去不是这样的，可是，如今的传媒帝国看来很少关心新闻，他们更关注娱乐，因为那才是来钱的。

新技术衍生出前所未有的交流方式，也打开了一个全新的信息世界——你只需点击鼠标就可以了。但在一个民主社会里，保障公众的知情权，永远是媒体不变的责任。

在写作本书的过程中，对佐治亚州亚特兰大的汤姆·约翰逊（Tom Johnson）的访谈是最让人受益和欣喜的一次，他曾经称雄报业电视业数十年之久，至今依然醉心于传媒。如果说有谁参透了媒体的奥妙，那就是约翰逊了，他曾是林登·B.约翰逊总统的新闻副秘书长。汤姆与这位已故的总统没有私人关系，可是仿佛又有，因为总统待这位聪明俊朗、有魅力的年轻人就像儿子一样，尽管他本人并没有儿子。

20世纪60年代，汤姆曾在白宫新闻发言人乔治·里迪和比尔·莫耶斯手下工作，接着，他去当《达拉斯时代先驱报》（目前已停办）的出版人，然后去《洛杉矶时报》主事，在此期间，他的表现都非常出色。退休后，他被特德·特纳（Ted Turner）请去当美国有线电视新闻网的总裁——那还是美国有线电视新闻网刚创办的时期。

我永远不会忘记那一幕，刚刚出道的特纳跑到白宫新闻发布室去，戳着美国广播公司电视台的萨姆·唐纳森（Sam Donaldson）的胸口说：“我会超过你的。”那时看起来这真是遥不可及的事，唐纳森大笑起来。可如今，美国有线电视新闻网真的变成了广告商趋之若鹜的媒体。

尽管我对新闻事业竭力颂扬，报纸也仍旧还是一桩生意。在20世纪的大部分时间里，报纸是独立的，不属于任何一个大财团，而且经常还是家庭办的，就像俄亥俄州的迪克斯报纸、电台、电视台系列媒体，至今还由整个家族的第四或第五代传人经营着（赫斯特报系除外）。

如今就不可同日而语了。像加纳特这样的大公司占有了报业的大部分股份（控股50％以上），而兴趣在别的方面的大公司则拥有了电视网。国家广播公司是通用电气下属的子公司，威尔康公司则控制了哥伦比亚广播公司，而迪斯尼则拥有美国广播公司。这些公司本身要顾及自己其他的利益。

所以，很痛苦。汤姆·约翰逊叹息道，如今人们强调的已经不是“好新闻”而是“新闻底线”了。他为如今的媒体把挣钱、利润放在第一位感到非常痛心，竭尽全力争取媒体的独立。他说，如今新上任的媒体管理者，都着重强调他们必须挣钱，还有他们必须对投资人负责。

汤姆高度赞扬了他过去的老板特纳和《洛杉矶时报》的前任出版人奥蒂斯·钱德勒。他们为新闻事业作出了巨大的贡献。每每手下为了保持报纸的独立性而承受外界压力的时候，他们都是编辑记者们“非常凶的保护人”。他也对持有《纽约时报》的苏尔茨伯格家族深怀敬意，同时，还有出版《华盛顿邮报》的格拉罕家族。

汤姆在经营美国有线电视新闻网的过程中有很多精彩的时刻，他最辉煌的成就是，他开了卫星报道的先河，开创了战争实时报道的先例。

他说他试图同时把中东的巴勒斯坦争论和以色列的观点都放在电视上，那时候他遭到了很多人的攻击。他说，还有右翼诽谤诋毁分子给美国有线电视新闻网（英文简写CNN）贴上了“克林顿新闻互联网”（the Clinton News Network）和“卡斯特罗新闻互联网”（the Castro News Network）的标签（注：CNN正好是上述两个说法的开头字母）。

好新闻的五个要素依然是五个“W”：谁（who）、什么（what）、哪里（where）、什么时候（when）、为什么（why），而且不能一边倒，应该给双方一个公平均等的报道机会，让读者全面了解事件过程。

过去，报纸除了正常报道，有特殊情况的时候，还可能增加专号或号外，头版用大字号印着极为醒目的大标题，比如“开战啦！”如今，报纸退居其次了，因为有了广播电视之后，随时可以插播新闻了。电台、电视台的记者所要做的无非是，抓起麦克风或者电话或者照相机。至于深度报道以及细节推敲和讲述，就留给报纸的记者好了。

报纸从根本上说到底是什么，这在1948年首次出版的《斯克里普斯·霍华德报手册》里有基本的阐述。我想，这种阐述应该适用于所有的报纸：

“我们没有政治倾向，用通用的语言来表述，那就是说，我们不是民主党，也不是共和党，跟绿党也没什么关系，当年也不是禁酒主义者。我们要做的，无非是支持好人，谴责坏人，不管他们是什么党派的。我们不应出于自己的个人好恶或利益对任何人或政策说谎。

“报纸应该不偏不党，它应该做的仅仅是呈现事实真相。编辑应该做的是，通盘地综合考虑事情的方方面面，把相关的人和事放在公众面前，然后将自己抽离于事件之外，一切让公众自己作判断。”

E.W.斯克里普斯是斯克里普斯·霍华德报系的创始人，他认为自己对新闻事业最大的贡献就是创办了合众新闻社，也就是合众国际社的前身。他将自己的信念写进了那本手册。

“我们相信社会进步是循序渐进的，我们不相信权利的集中，我们相信民主的生活方式，虽然我们知道无限的自由可能导致混乱，社会需要一定的管理秩序来规范。我们对一个法治政府的信任甚于人治政府。我们相信对国家而言，每个个体的人都是极重要的，政府的存在是为了服务社会，而不是社会服务政府。我们相信强者保护弱者，支持社会地位低下的贫困人群和话语权微弱的人实现他们的愿望，是一种社会责任。我们不相信有限制的新闻自由。我们相信《权利法案》的内在精髓，而不仅仅是字面意思。我们认为这是给民众自由权利的一种承诺，我感到，作为记者，我们是民众自由权利的受托人。”

我为合众国际社当了半个多世纪的记者，我的的确确相信，让美国和世界民众拥有知情权的最可靠的方式就是——用最公平和客观的方式呈现事实真相。我相信作为美联社强大对手的合众国际社的消失，对于新闻事业而言是一个巨大的创伤。

“就是这么回事咯，女士。”这就是合众国际社最喜欢用的托辞，就像说一个形容词、副词或者动词一样轻描淡写。如果说有什么事情是很客观的，那就是，我们会不遗余力地让报道接近事实真相，让报道尽量不要有闪失。我无限嘉许那些目光敏锐、观察入微的编辑，他们不会让一点点有失偏颇的内容漏网进入新闻报道。总之，我们是在全世界作报道，报纸、广播电视是表达意见和舆论的不同方式而已。它们所求的——同样也是得到的——就是准确无误的报道。

准确性也是新闻报道不可或缺的最重要的本质，这就要求记者在核查事实时很多时候要身临其境或亲身经历。就如谚语说的：“如果你妈妈说她爱你，你自己看看是不是真的。”

目前我在为《赫斯特报》写专栏，他们给了我一个很大的自由表达的空间，可是我还是要说，我依然相信客观真实的报道是最好的新闻，也是给读者最好的回报。那不仅是给我的特权，让我滔滔不绝发表被压抑多年的宏论，同时也是一个圈套，让我每天读到那些异议者的邮件。如果他们只是对文章的观点进行反驳，那也没什么，但是这些批评者已经不能满足于告诉我错在哪里了，他们要对我进行人身攻击来表达他们的意见。从这点来看，我感到很悲哀。诚恳友好的辩论是民主最重要的本质精髓所在啊。

或许，如20世纪50年代两次败北的民主党总统竞选人艾德莱·史蒂文森所云：“民主好就好在，即使你是少数派，你也能有安全保障。”

但是，丑化和妖魔化媒体、表达愤怒和宣泄挫败感，只要在计算机的删除键上点一下就够了。当然，也不仅仅有这方面的内容。也有让我们振奋的来信——那些不知名的写手告诉我，当他们看到主流媒体觉醒起来，不再报道白宫或其他政府机构的发言人胡编乱造骗人的瞎话时，他们感到非常快慰。

如果民众对媒体怀疑的话，他们更应该怀疑那些对自己的信用度毫不在意的政府。民众对政府的信任度被腐蚀到极点不是没有原因的。当政府用欺骗的手段把国家带入了一场战争的时候，当政府把国家大事进行暗箱操作的时候，政府的信用无疑受到了严重的损害。如果当初媒体更警觉一点的话，也许有的事情就可以避免了。

尽管对媒体如此失望，我还是要对时政漫画家和连环画画家表示深切的敬意。他们不为金钱，勇敢地用讽刺幽默的手法将事实公之于众，他们显示出了新世纪以来的许多记者都缺乏的勇气和韧性。加里·特鲁多（Garry Trudeau）非常杰出，他很有先见之明地用发人深省的方式描绘出伊拉克战争及其悲剧，他和他的同道在政府编造故事之前就已经通过漫画把事实披露出来了。

在欢迎希拉里·罗德姆·克林顿即将成为第一夫人的晚会上，当时的第一夫人芭芭拉·布什指着白宫记者团对希拉里说：“你要像躲瘟疫一样躲这帮人。当他们引用了你的话的时候，你要确定他们理解你的原话原意。”

有些记者跟总统和他的家人成了很亲密的朋友，或者跟白宫有很铁的关系，他们的友情可能从总统竞选的时候就开始培养起来了。他们仍然可以写一些很尖锐的报道，有的人也确实写过，而且把总统刺伤了——总统总以为这些记者必定是站在他一边的。公平和准确是所有的政府和企业想要的，而且它们也有这样的权利。

我们是公众知情权的保护人，不是历史的匆匆过客——那些敢于滥用职权、要求媒体三缄其口的政府官员——的保护神。

亚伯拉罕·林肯说：“让人民了解真相，国家就会安全。”

我相信这是真的，而且我相信，这是21世纪及未来世纪的记者所应该信守的承诺。

# 英文版编后记

由于媒体的渎职使公众遭受蒙蔽，美国政府得以顺利发动了这场灾难性的伊拉克战争，白宫记者团为此连续数月遭到举国上下的严厉抨击。如今，我看到媒体在职业信用方面的表现有了一定的改观。

白宫和五角大楼的记者从麻木中醒过来了，他们看到政府捏造新闻的迹象时，开始提比较有分量的尖锐的质询问题了，仿佛他们从禁锢中解放出来，重新回到了过去——后水门事件时代——记者认识到尼克松政府的丑闻，之前他们未能引起公众的警觉，让公众知道非法闯入民主党总部是一场为了赢得1972年总统大选的政治阴谋。各大报纸，尤其是《华盛顿邮报》，意识到自己的时代使命，发掘出这个丑闻，有史以来第一次让总统下台。

“9·11”恐怖袭击之后，有的报纸非常强势地支持布什总统——开始的时候，它们成了促战的急先锋——后来意识到政府战争的策略出了漏洞：没有大规模杀伤性武器，与“基地”恐怖主义者没有关联，根本没有第三世界国家对世界的威胁，真正的威胁来自超级大国——美国。最后，它们觉着自己该对公众深切致歉了。

有的编辑意识到他们先被布什政府设的一个理性的局钓上钩，接着引上路，最后把他们拉下水。他们正视自己的错误，诚恳地向公众道歉。《纽约时报》两次以编者按文章的方式向读者致歉，清楚地说明报纸什么时候开始错了，错在哪里。可是与此同时，《华盛顿邮报》却让他们的时事评论员霍华德·库兹来承担责任，他们没有向公众道歉，始终没有。他们只是在周一的项目例会上说他们意识到各组报道之间还需要更多的竞争。我仍然认为，在官方骗术之下运营报纸无异于走上歧途。

如今《纽约时报》已经开始纠正过去的错误，设定了标准，要求记者写报道的时候提供尽量多的信息，同时尽量在付印前将为什么使用匿名信息却还要隐匿线人姓名的原因说清楚。《纽约时报》还制定了采用信息的规范标准，让新闻编辑更负责。

其他支持战争的报纸最后明白过来了，但是它们一个也没有像《华盛顿邮报》那样，以新保守主义的方式，让编辑和专栏作家来冒险做出头鸟。有趣的是，负责报道布什政府的各个主要部门的记者似乎只是为他们将来写书储存保留了很多有报道价值的东西。如果他们当初将这些消息在报纸上刊登出来，美国人民就会从中受益。

政府方面也为他们要按合同给那些往伊拉克报纸上发好消息的人付费尴尬不已。但是五角大楼已经建立了一套针对军队方面信息的纠错系统。五角大楼为此出版了一份名为“晨鸟”的清晨简报。

但是我也觉得奇怪，为何卡塔尔赞助支持的阿拉伯语电视台在伊拉克被关闭的时候新闻机构没有出来抗议？美国有线电视公司非常瞧不起新开设的半岛电视台英语频道，但是我希望在国家深陷于中东战局的泥淖之时，情况有所改观。

白宫的情形也发生了变化，虽然协作精神和忠诚是布什政府的试金石，总统本人的表现却是，为了他自己的利益，他还是愿意调整他的手下的。

2006年11月的新闻发布会上，总统信誓旦旦地说，即使国防部长唐纳德·拉姆斯菲尔德不受公众的欢迎，他还是会一直留任唐纳德作为内阁成员直到总统任期结束为止。可就在中期选举他们的对手民主党大获全胜次日，他赶紧立马抛弃了原来的国防部长。

在开战初期，唐纳德是个明星人物，但后来成了布什错误的替罪羊，他在众人心目中的形象落到了最低点。连共和党内部的人都认为如果在大选之前就让他出局的话，共和党的损失就不会这么大了。

另一种鲜明的剧变发生在白宫新闻办公室，当他的新闻秘书斯科特·麦克莱伦黯然离去的时候，取而代之的是原福克斯新闻网的主播托尼·斯诺。斯诺在麦克风和镜头前更为自如，他是一个天生的表演家，而且他热爱他的每个听众。他有着极为出众的口才，说起话来非但如行云流水，而且铿锵有力，但是没过多久他也跟上一任新闻秘书斯科特·麦克莱伦以及第一任新闻秘书阿里·弗莱舍一样成了天涯沦落人。这是布什的惯用手法，人们都司空见惯了。

斯诺能言善辩，善于学习，精明机巧，很会推脱躲避。最开始的时候，他用“我不知道”来回答提问让大家感到很新奇，但是他一再如此回答就显得过头了。实际上，只有在他确信自己能够跟上头的政策保持一致的时候他才敢接受工作安排——这是一个必要条件——当他要面对的大部分问题都是有关伊拉克的，而其时，布什政府正需要找到逃离困境的路。

斯诺善于在种种矛盾中周旋，并且把它们处理得看起来很合逻辑很有条理。在弄清楚政府的目标之后，他毅然谴责伊拉克邻国“干预”伊拉克的事。

随着这场构想拙劣的战争的延续，布什总统——越来越因为巴格达的战况陷入两难窘境——还对伊拉克在现行政府领导下“进步的步子不大”感到非常不满意而责备伊拉克人。

记者提出的问题开始越来越尖锐。有一个记者指出，伊拉克的形势越来越“糟糕”，他问布什怎么想，布什立即粗声粗气地回答：“很糟糕。”然后又加上一句，“那又怎么样？”

对自己在保护国家民主方面的缺位，媒体有很多解释。事先该就发动伊拉克战争的理由和目的提出最本质最中心的问题时，他们没有这么做，反而对发动这场战争起了敲边鼓的作用，这是非常可耻的事。它们已经完全被那些“量身定制”的信息“填饱”，而且为图省事就深信不疑了。但是，选举的结果应该从根本上改变媒体眼前的政治图景。它们将丢掉以往的怯懦，开始无所畏惧也不为迎合任何人地做自己该做的事。我们或许可以再次看到对权力的监督和制约。政府再也不能肆无忌惮、毫无章法地用布什对法规的解释来发表声明，而对新签署的法规的真正含义置之不理。

我相信，如同已故法国作家阿尔伯特·加缪所言："新闻自由当然可能有好处也可能有坏处，但是，最可以肯定的是，如果没有新闻自由，那只会有坏处，而别的什么也没有。"媒体正在回归自我，重新将追寻真相作为自己的特殊使命。只有到那时，它们才可谓是真正的民主的看门狗。

# 译后记

2006年冬天的一个夜晚，我在网上溜达，无意间看到《中国青年报》记者包丽敏女士介绍本书的文章，不禁想更多地了解本书的内容，可我没找到中文版的图书，只好委托远在纽约的朋友蒂娜·舒帮我带一本原书来。读罢，我忍不住想，应该让更多中国同胞读到它，否则，大家都羡慕美国的繁荣和富裕，而对自己所处的现实不断抱怨——其实，所有的人间奇迹都是人创造出来的。

《民主的看门狗？》是现年近90岁的原白宫记者团资深记者兼团长海伦·托马斯女士对自己半个多世纪新闻事业生涯的回顾和对新闻业的评价以及新闻业未来发展的期盼。

海伦·托马斯的叙述，让我们知道，号称世界最民主自由的美国，实现新闻自由之路，也充满了坎坷和艰辛。20世纪60—70年代的美国，新闻出版业依然要面对种种戒律，但是，有良知和社会责任感的美国新闻人始终不忘自己的天职，因为他们的坚守和努力，美国的新闻业一步一步从稚嫩走向成熟。应该说，美国的新闻业，在启迪民智方面起着不可忽视乃至不可或缺的作用。

2008年，奥巴马当选美国总统，让我不由自主地想起了马丁·路德·金1963年8月28日在林肯纪念堂前发表的那篇著名演说《我有一个梦想》。不到半个世纪后的今天，他的梦想已经成真了，这个过程之所以不是太漫长，是因为有许多人共同不懈的努力。虽然，马丁·路德·金没有看到这一天的到来，他一定不会为因此付出生命的代价而后悔，若是他有灵在天，理所当然会因之而欢欣。这也是让我们相信一切皆有可能的理由之一。

今天，信息交流因互联网的普及比之过去的20年或者说10年，都有了无可比拟的优势和效率，让原本遥远广袤的世界变成了地球村，各种各样的意识形态汇集、分流和思想的碰撞也更为频繁而平常，世界，因为信息沟通的便利而变得宽容。信息的自由流通，实际上，为新闻自由的实现提供了便利和可能。

虽然中国还没有跻身于发达国家之列，可30年来的巨大变化，足以让我们相信，即使现实还有许多不尽如人意之处，但是，向往美好和幸福，是人类的本能。世界上有不同的人，但是，人类的共性是不变的，即使是恶魔般的人，也会喜欢玫瑰而不会喜欢垃圾。人类的文明史经历了数千年，我们看到任何社会进步都是一点一滴而不会一蹴而就，即使我们公认的发达国家，也都经历过非常蒙昧黑暗的阶段，因此，我没有理由不相信，世界无论如何将朝着美好的方向前进。当然，每一点进步都可能存在各种各样的挑战和巨大的障碍，这个过程或许需要付出代价和牺牲。但是，历史的进步，和时间一样，是无法阻挡的。

在我看来，这是一本励志书，它其实在激励每一个新闻从业者不松懈、不气馁、不放弃，始终如一地保持自己的职业良知和道德，为这个事业奉献并由此呈现自己生命意义和价值。

本书的翻译，始于2007年的春天，到2008年6月初稿完成，历时一年有余。说实话，翻译是一个痛苦的过程，不同于常规的写作，作者可以随心所欲地驾驭文字，翻译所需要的远不止于仅明白书面意思和通达的文字表述能力，作者的人生经历以及书中所涉及的许多背景知识我都知之寥寥，翻译文字表达语气必须与原作者保持一致，也加大了挑战性。能完成本书的翻译，得益于许多朋友甚至从未谋面的同道师友——我永远不会忘记他们：

若没有寇延丁女士、丁宁女士、江艺平女士、梁晓燕女士、陈丽琼女士、朱凌女士、白丹女士、吴薇女士、刘小钢女士、祝宁女士、曾翊菁女士、唐亦安女士、黄秀丽女士、邹晓红女士、文国英女士、朱凯歌女士、徐斌女士、谢静女士、李锐先生、林贤治先生、古里平先生、周翼虎先生、王谨先生、刘湘波先生、任利剑先生、任东来先生、李大同先生、吴思先生、牧沐先生、万胜先生、朱久化先生、鄢烈山先生、浦志强先生、陈敏先生、马勤先生、Hash Reichardt先生等师友的帮助、鼓励和敦促，我也许会知难而退；夏霖先生、窦雍岗先生、苏占军先生、许志永先生、萧翰先生等律师在百忙中义务为我解答法律方面的问题令我心存感激；参与本书审校的龚小夏、钱文琴、曾彦三位女士至今未曾谋面，她们帮我们纠正了许多误译的内容；展江老师也是因为翻译本书我才有幸认识的学者，他严谨的治学态度令我格外敬畏，他们四位参与本书审校也完全出于义务；感谢南方日报出版社各位领导的重视，尤其是责任编辑付惠平、黄亭亭两位女士的不懈努力，最终让本书得以问世；我要特别感谢我的合作者蒂娜·舒小姐，我们一起翻译的那18天，种种艰辛不堪回首，但是，其中的乐趣也难以言表，我相信，这一定是我们生命中弥足珍贵的时光；我的先生黄伟、女儿黄婧訸、父亲夏经虹、妹妹夏晨、公公黄明德、婆婆田桂芬给予我的精神支持也是无可替代的。

对此，我无以为谢，本书的翻译稿酬，将以支持和帮助过我的朋友和亲人的名义捐赠给一项名为“携手成长”的公益项目——这是一个关注乡村教育，并为乡村小学教师提供优秀读物的活动。其中一半将赠给四川地震灾区的学校，另外一半将赠给广西的乡村学校——我想用这种方式感谢每一个支持和帮助过我的人，希望他们感到欣慰。

一个博友的签名上有这样一句话：Bless there is not only thriving and prosperous but also democracy and nomocracy in China!（祝愿中国民主法治，而不仅仅繁荣昌盛！）坦率地说，它深深地打动了我，其实，这也是我的心声。我知道，个人的力量是微不足道的，无论翻译本书还是参与公益活动，不过是尽自己绵薄之力而已。但是，我相信，$1 \neq 0$。

本书的开篇题记To those who suffered and died for cherishing freedom of the press直译是“献给为新闻自由受苦受难和献身的人们”，

2007年我开始翻译的时候，时年13岁的女儿坚持认为应该译为——“本书谨献给甘愿为新闻自由受苦受难和英勇献身的人们”，她的理由是，“当一个人为了某一件事甚至愿意献出生命，难道还不算英勇吗？”

我接受了她的意见。

夏蓓

2009年3月于南宁

本书谨献给甘愿为新闻自由受苦受难和英勇献身的人们!